Inhalt

Vorwort

1. Auflage (18. August 2014)
Verlag: DV Concept (handball-uebungen.de)
Autoren: Jörg Madinger, Elke Lackner
ISBN: 978-3956411540

1. Kurzer Einblick in die Jahresplanung

Ziele des Trainings

Im **Erwachsenenbereich** wird ein Trainer in der Regel am sportlichen Erfolg (Tabellenplatz) gemessen. Somit richtet sich auch das Training sehr stark nach dem jeweils nächsten Gegner (Saisonziel) aus. Im Vordergrund steht, die Spiele zu gewinnen und die vorhandenen Potentiale optimal einzusetzen.

Im **Jugendbereich** steht die **individuelle Ausbildung** im Vordergrund. Diese ist das erste Ziel, das auch über den sportlichen Erfolg zu setzen ist. Auch sollen die Spieler noch umfassend, d.h. positionsübergreifend ausgebildet werden (keine Positionsspezialisierung, keine Angriffs-/Abwehrspezialisierung).

Jahresplanung

In der Jahresplanung sollten folgende Punkte beachtet werden:
- Wie viele Trainingseinheiten habe ich zur Verfügung (Ferienzeit, Feiertage und den Spielplan mitberücksichtigen)?
- Was möchte ich in diesem Jahr erreichen / verbessern?
- Welche Ziele sollten innerhalb einer Rahmenkonzeption (des Vereins, des Verbands z. Bsp. DHB) erreicht werden? In der Rahmenkonzeption des DHB finden Sie viele Orientierungshilfen für die Themen Abwehrsysteme, individuelle Angriffs-/Abwehrfähigkeiten und dazu, was am Ende welcher Altersstufe erreicht werden sollte.
- Welche Fähigkeiten hat meine Mannschaft (haben meine individuellen Spieler)? Dies sollte immer wieder analysiert und dokumentiert werden, damit ein Soll-/Ist-Vergleich in regelmäßigen Abständen möglich ist.

Vorwort

Liebe Leserinnen und Leser,
vielen Dank, dass Sie sich für ein Buch der trainingsunterstützenden Reihe von handball-uebungen.de entschieden haben.

Die vorliegenden Trainingseinheiten erarbeiten Grundlagen für den E- und D-Jugendbereich. Die Anforderungen können aber auch einfach an höhere Altersklassen angepasst und für diese angewendet werden. Schritt für Schritt werden die einzelnen Themen innerhalb einer Trainingseinheit vom Einfachen zum Komplexen altersspezifisch erarbeitet. Ein großer Fokus liegt auf dem Erlernen der handballspezifischen Grundlagen durch gezielte Übungen und spielerische Elemente.

Folgende Trainingseinheiten sind in diesem Buch enthalten:

TE 174 – Grundlagen der koordinativen Laufbewegung und Wurftechnik trainieren (⭐)

Das Erlernen und Verbessern des Wurfs ist das Ziel der vorliegenden Trainingseinheit. Bereits in die Erwärmung mit Einlaufen und einem kleinen Spiel werden Würfe auf feste Ziele eingebaut. Es folgt eine Koordinationsübung mit Würfen, die die Möglichkeit bietet, die Armhaltung zu verbessern. Nach dem Torhüter einwerfen soll in einer Wurfserie mit Wettkampf die richtige Wurftechnik auch unter Zeitdruck angewendet werden, bevor in zwei individuellen Angriffsübungen der Wurf aus handballspezifischen Situationen und die Entscheidung Wurf oder Pass in den Vordergrund treten. Eine Wurfserie schließt das Training ab.

TE 178 – Grundlagen der offensiven Manndeckung trainieren (ohne Torhüter) (⭐)

Ziel der Trainingseinheit ist das Erlernen und Verbessern der offensiven Manndeckung. Bereits bei der Erwärmung werden beim Einlaufen und in einem kleinen Spiel das Beobachten und die Reaktion auf Bewegungen des Gegenspielers integriert. Im Anschluss folgen zwei individuelle Abwehrübungen im 1gegen1 mit und ohne Ball, anschließend wird beides in einem kleinen Wettkampf vertieft. Die zweite Hälfte des Hauptteils erweitert auf 2gegen2, wobei das Gleiten aneinander vorbei bei Kreuzbewegungen im Vordergrund steht. Zum Abschluss folgt ein Wettkampfspiel, bei dem die Trainingsinhalte noch einmal angewendet und erprobt werden können.

TE 192 – Koordinatives Grundlagentraining für Feldspieler und Torhüter (⭐)

Der Torhüter steht im Mittelpunkt der vorliegenden Trainingseinheit, zudem schulen alle Übungen die koordinativen Fähigkeiten aller Spieler. Nach der Erwärmung mit einer Gruppenübung zum Einlaufen und einem Reaktions-Sprintwettkampf, wird in der Ballgewöhnung die Fokussierung auf den Ball und das richtige Stellungsspiel geschult. Es folgt eine Torhüterübung mit verschiedenen Passvarianten an die Hallenwand. Das Torhüter einwerfen und die folgende Torhüterübung stellen koordinative Aufgaben für Torhüter und Feldspieler gleichermaßen. Ein Wurfwettkampf schließt die Trainingseinheit ab.

TE 198 – Verbessern der Passgenauigkeit und Passentscheidung in Drucksituationen (⭐)

Ziel der Trainingseinheit ist das Verbessern der Passgenauigkeit und der Passentscheidung unter Zeitdruck. Bereits das Einlaufen erfolgt mit verschiedenen Passvarianten. Nach einem kleinen Spiel, werden in der Ballgewöhnung und im Torhüter einwerfen Pässe zu einem fest stehenden Ziel geübt. Eine Wurfserie und zwei individuelle Angriffsübungen fordern dann schnelle Entscheidungen, wohin ein Pass gespielt wird. In einem Abschlussspiel wird das Geübte angewendet.

TE 202 – Grundlagen des Sprungwurfs - Anlaufen mit drei Schritten und abspringen (⭐)

Ziel der Trainingseinheit ist das Erlernen und Verbessern des Sprungwurfs sowie des Anlaufs mit 2 bzw. 3 Schritten. Bereits im Einlaufen wird das Timing im Sprung mit einbezogen. Nach einem kleinen Spiel wird zunächst auf den Armzug eingegangen durch Würfe im Sitzen und im Stehen. Es folgt eine Übung zu Anlaufrhythmus und Sprungwurf auf feste Ziele, was im Torhüter einwerfen und einem anschließenden Wurfwettkampf um den Torwurf erweitert und gefestigt wird. Zum Ende des Trainings muss in einer individuellen Übung vor dem Wurf auf äußere Einflüsse reagiert werden, bevor ein Wurfwettkampf das Training abschließt.

Beispielgrafik:

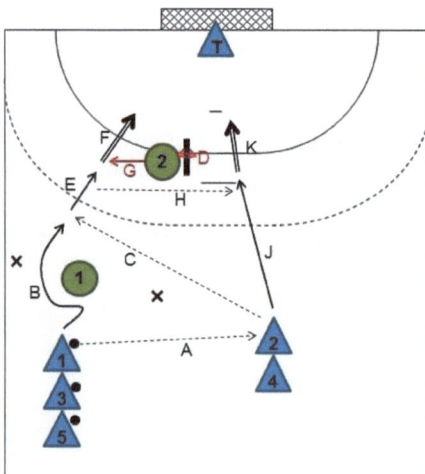

Jahresplanung

Trainingszyklus

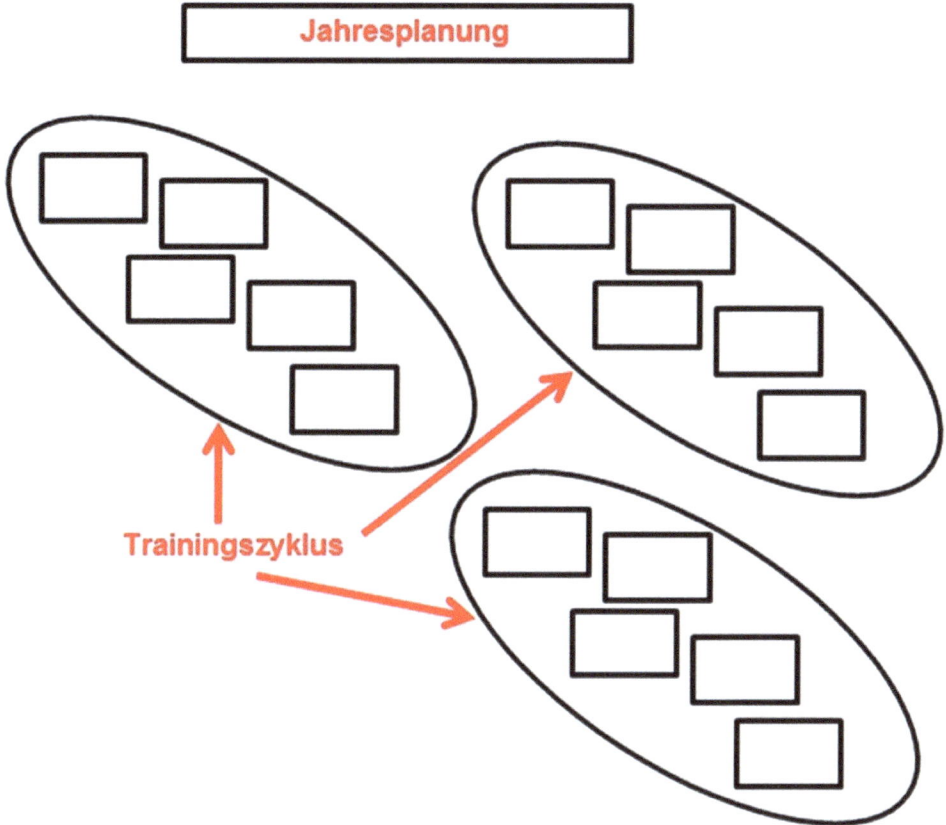

Zerlegung der Jahresplanung in einzelne Zwischenschritte

Grundsätzlich gliedert sich eine Handballsaison in folgende Trainingsphasen:
- Vorbereitungsphase bis zum ersten Spiel: Diese Phase eignet sich besonders zur Verbesserung der konditionellen Fähigkeiten wie der Ausdauer.
- 1. Spielphase bis zu den Weihnachtsferien: Hier sollte die Weihnachtspause mit eingeplant werden.
- 2. Spielphase bis zum Saisonende.

Diese groben Trainingsphasen sollten dann schrittweise verfeinert und einzeln geplant werden:
- Einteilung der Trainingsphasen in einzelne Blöcke mit blockspezifischen Zielen (z.B. Monatsplanung).
- Einteilung in Wochenpläne.
- Planung der einzelnen Trainingseinheiten.

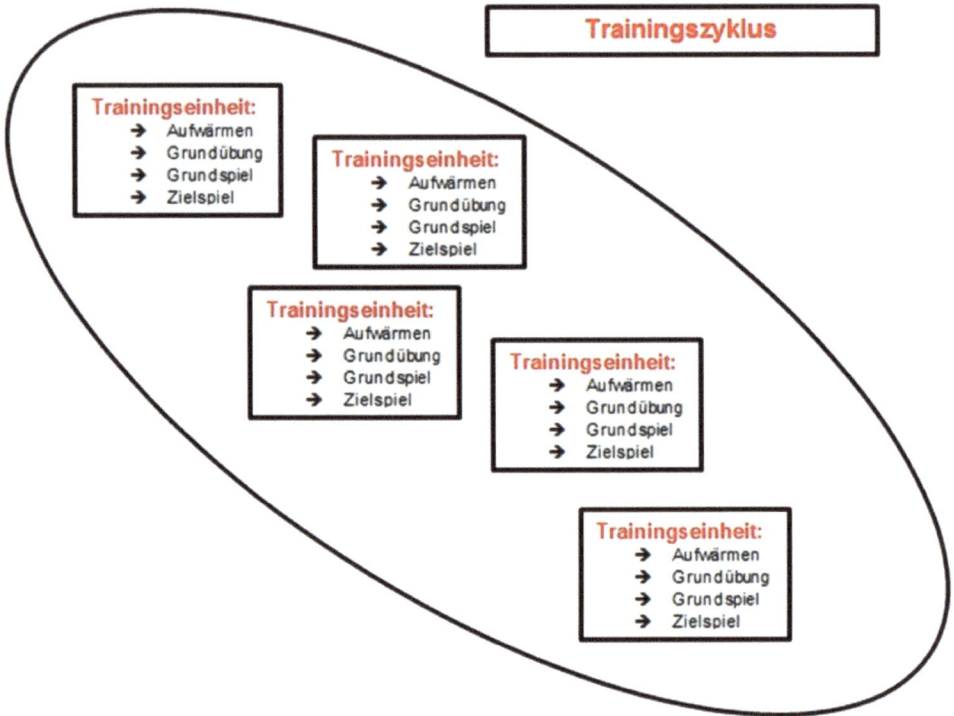

Trainingseinheiten strukturiert aufbauen

Sowohl bei der Jahresplanung als auch bei der Planung der einzelnen Trainingseinheiten sollte eine klare Struktur erkennbar sein:

- Mit Blöcken arbeiten (siehe Monatsplanung): es sollte (gerade im Jugendbereich) über einen Zeitraum am gleichen Thema gearbeitet werden. So können sich Übungen wiederholen und die Abläufe können sich einprägen.
- Jedes Training sollte einen klaren Trainingsschwerpunkt haben. Die Themen sollten innerhalb einer Trainingseinheit nicht gemischt werden, sondern es sollten alle Übungen einem klaren Ziel folgen.
- Die Korrekturen im Training orientieren sich am Schwerpunkt (bei Abwehrtraining wird die Abwehr korrigiert und gelobt).

2. Aufbau von Trainingseinheiten

Der Schwerpunkt des Trainings sollte das einzelne Training wie ein roter Faden durchziehen. Dabei in etwa dem folgenden zeitlichen Grundaufbau (Ablauf) folgen:
- ca. 10 (15) Minuten Aufwärmen
- ca. 20 (30) Minuten Grundübungen (2 bis max. 3 Übungen, plus Torhüter einwerfen)
- ca. 20 (30) Minuten Grundspiel
- ca. 10 (15) Minuten Zielspiel

1. Zeit bei 60 Minuten Trainingszeit / 2. Zeit in Klammer bei 90 Minuten Trainingszeit.

Inhalte des Aufwärmens
- Trainingseröffnung: es bietet sich an, das Training mit einem kleinen Ritual (Kreis bilden, sich abklatschen) zu eröffnen und den Spielern kurz die Inhalte und das Ziel der Trainingseinheit vorzustellen.
- Grunderwärmung (leichtes Laufen, Aktivierung des Kreislaufs und des Muskel- und Kochen-Apparats).
- Dehnen/Kräftigen/Mobilisieren (Vorbereitung des Körpers auf die Belastungen des Trainings).
- Kleine Spiele (diese sollten sich bereits am Ziel des Trainings orientieren).

Grundübungen
- Ballgewöhnung (am Ziel des Trainings orientieren).
- Torhüter einwerfen (am Ziel des Trainings orientieren).
- Individuelles Technik- und Taktiktraining.
- Technik- und Taktiktraining in der Kleingruppe.

Grundsätzlich sind bei den Grundübungen die Lauf- und Passwege genau vorgegeben (der Anspruch kann im Laufe der Übung gesteigert und variiert werden).

Hinweise zur Grundübung
- Alle Spieler den Ablauf durchführen lassen (schnelle Wechsel).
- Hohe Anzahl an Wiederholungen.
- Mit Rotation arbeiten oder die Übung auf beiden Seiten gleichzeitig/mit geringer Verzögerung durchführen, damit für die Spieler keine langen Wartezeiten entstehen.
- Individuell arbeiten (1gg1 bis max. 2gg2).
- Eventuell Zusatzaufgaben/Abläufe einbauen (die die Übung komplexer machen).

Grundspiel

Das Grundspiel unterscheidet sich von der Grundübung vor allem dadurch, dass jetzt mehrere **Handlungsoptionen** (Entscheidungen) möglich sind und der/die Spieler die jeweils optimale Option erkennen und wählen sollen. Hier wird vor allem das Entscheidungsverhalten trainiert:

- Das zuvor in den Grundübungen erlernte mit **Wettkampfcharakter** durchführen.
- Mit Handlungsalternativen arbeiten – Entscheidungsverhalten schulen.
- Alle Spieler sollen den Ablauf häufig durchführen und verschiedene Entscheidungen ausprobieren.
- In Kleingruppen arbeiten (3gg3 bis max. 4gg4).

Zielspiel

- Das zuvor Geübte wird nun im freien Spiel umgesetzt. Um das Geübte im Spiel zu fördern, kann mit Zusatzpunkten oder Zusatzangriffen im Falle der korrekten Umsetzungen gearbeitet werden.
- Im Zielspiel wird das Gelernte im Team umgesetzt (5gg5, 6gg6).

Je nach den Trainingsinhalten können die zu erreichenden Ziele eine geringe Änderung im zeitlichen Ablauf von Grundübungen und Grundspielen bedingen (z. Bsp. beim Ausdauertraining, bei dem sie durch Ausdauereinheiten ersetzt werden).

Themenvorgaben

- Individuelle Ausbildung der Spieler nach Vorgabe der Trainingsrahmenkonzeption (DHB oder vereinseigene Konzeption).
- Taktische Spielsysteme in der Abwehr und im Angriff (altersabhängig):
  - o z.B. von der Manndeckung zum 6:0 Abwehrsystem.
  - o z.B. vom 1gegen1 zum 6gegen6 mit Auslösehandlungen im Team.

Trainingsthema wählen:
→ Roter Faden

Aufwärmen:
Dauer:
- ca. 10 (15) Minuten

Inhalte:
- „spielerisches Einlaufen"
- Spiele
- Laufkoordination
- (Dehnen und Kräftigung)

Grundübung:
Dauer:
- ca. 20 (30) Minuten

Charakteristik:
- individuell / in der Kleingruppe

Inhalte:
- klare Übungsvorgabe des Ablaufs
- Variationen mit klarer Vorgabe des Ablaufs
- vom Einfachen zum Komplexen
- keine Wartezeit für die Spieler

Grundspiel:
Dauer:
- ca. 20 (30) Minuten

Charakteristik:
- in der Kleingruppe

Inhalte:
- klare Vorgabe des Ablaufs plus Varianten
- Wettkampf

Zielspiel:
Dauer:
- ca. 10 (15) Minuten

Charakteristik:
- Teamplay (Kleingruppe)

Inhalte:
- Freies Spielen mit den Übungen aus der Grundübung und dem Grundspiel
- Wettkampf

3. Die Rolle/Aufgaben des Trainers

Ein erfolgreiches Training hängt stark von der Person und dem Verhalten des Trainers ab. Es ist deshalb wichtig, im Training bestimmte Verhaltensregeln zu beachten, um den Erfolg des Trainings zu ermöglichen. Das soziale Verhalten des Trainers bestimmt den Erfolg in einem ebenso großen Maße wie die reine Fachkompetenz.

Der Trainer sollte:
- der Mannschaft zu Beginn des Trainings eine kurze Trainingsbeschreibung und die Ziele bekannt geben.
- immer laut und deutlich reden.
- den Ort der Ansprache so wählen, dass alle Spieler die Anweisungen und Korrekturen hören können.
- Fehler erkennen und korrigieren. Beim Korrigieren Hilfestellung geben.
- den Schwerpunkt der Korrekturen auf das Trainingsziel legen.
- individuelle Fortschritte hervorheben und loben (dem Spieler ein positives Gefühl vermitteln).
- fördern und permanent fordern.
- im Training, bei Spielen, aber auch außerhalb der Sporthalle als Vorbild auftreten.
- gut vorbereitet und pünktlich zu Training und Spielen erscheinen.
- in seinem Auftreten immer Vorbild sein.

4. Trainingseinheiten

Nr.: 174	Grundlagen der koordinativen Laufbewegung und Wurftechnik trainieren		☆	90

Startblock		Hauptblock				
X	Einlaufen/Dehnen		Angriff / individuell			Sprungkraft
	Laufübung		Angriff / Kleingruppe			Sprintwettkampf
X	Kleines Spiel		Angriff / Team			Torhüter
X	Koordination		X	Angriff / Wurfserie		
	Laufkoordination		X	Abwehr /Individuell		**Schlussblock**
	Kräftigung			Abwehr / Kleingruppe	X	Abschlussspiel
	Ballgewöhnung			Abwehr / Team		Abschlusssprint
X	Torhüter einwerfen			Athletiktraining		
				Ausdauertraining		

☆ : Einfache Anforderung (alle Jugend-Aktivenmannschaften)	☆ ☆ : Mittlere Anforderung (geeignet ab C-Jugend bis Aktive)	☆ ☆ ☆ : Höhere Anforderung (geeignet ab B-Jugend bis Aktive)	☆ ☆ ☆ ☆ : Intensive Anforderung (geeignet für Leistungsbereiche)

Legende:

❌   Hütchen

🔺1   Angreifer

⬤1   Abwehrspieler

   Ballkiste

   Schaumstoffbalken

   Turnbank

   Weichbodenmatte (hochkant)

   kleine Turnkiste

🟡🟡   Tennisball/Softball

Benötigt:
➜ 10 Hütchen, 1 Turnbank, 2 Weichbodenmatten, Tape, 4-6 kleine Turnkisten, 7 Schaumstoffbalken, 3 Ballkisten mit ausreichend Bällen, Soft- und/oder Tennisbälle

Beschreibung:
Das Erlernen und Verbessern des Wurfs ist das Ziel der vorliegenden Trainingseinheit. Bereits in die Erwärmung mit Einlaufen und einem kleinen Spiel werden Würfe auf feste Ziele eingebaut. Es folgt eine Koordinationsübung mit Würfen, die die Möglichkeit bietet, die Armhaltung zu verbessern. Nach dem Torhüter einwerfen soll in einer Wurfserie mit Wettkampf die richtige Wurftechnik auch unter Zeitdruck angewendet werden, bevor in zwei individuellen Angriffsübungen der Wurf aus handballspezifischen Situationen und die Entscheidung Wurf oder Pass in den Vordergrund treten. Eine Wurfserie schließt das Training ab.

Insgesamt besteht die Trainingseinheit aus folgenden Schwerpunkten
- Einlaufen/Dehnen (Einzelübung: 15 Minuten / Trainingsgesamtzeit: 15 Minuten)
- kleines Spiel (10/25)
- Koordination/Wurftechnik (15/40)
- Torhüter einwerfen (10/50)
- Angriff/Wurfserie (10/60)
- Angriff/individuell (10/70)
- Angriff/individuell (15/85)
- Abschlussspiel (5/90)

Gesamtzeit der Trainingseinheit: 90 Minuten

Nr.: 174-1	Einlaufen/Dehnen	15	15

Aufbau (siehe Bild):

- Verschiedene Bälle auf der Hallenhälfte verteilen (Hand-, Soft-, Tennisbälle usw.).
- Im 6Meter-Raum eine Bank mit Hütchen darauf aufstellen.

Ablauf:

- Die Spieler bewegen sich in flottem Tempo um die Bälle herum in der kompletten Hallenhälfte ohne den 6Meter-Raum (A). Dabei führen sie unterschiedliche Laufvarianten aus.
- Auf Pfiff des Trainers holt sich jeder Spieler einen Ball (B), läuft an die 6-Meter-Linie (C) und versucht, ein Hütchen abzuwerfen (D).
- Nach dem Wurf holen sich die Spieler weitere Bälle und werfen so lange, bis alle Hütchen abgeworfen sind oder alle Bälle im 6-Meter-Raum liegen.
- Dann starten die Spieler wieder mit dem Laufen, während der Trainer den nächsten Wurf-Durchgang vorbereitet (Bälle wieder in der Hallenhälfte verteilen) und anschließend erneut das Signal zum Werfen gibt.

Gemeinsam in der Gruppe dehnen.

⚠ Den Abstand der Wurflinie von der Bank je nach Leistungsstärke der Spieler variieren.

⚠ Jeder Spieler darf immer nur einen Ball auf einmal aufnehmen, um zu werfen.

⚠ Die Bälle dürfen nicht gepasst werden, jeder Spieler soll mit dem geholten Ball selbst werfen.

| Nr.: 174-2 | kleines Spiel | 10 | 25 |

Aufbau:

- Zwei Weichbodenmatten an die Wand stellen und mit Tape Trefferflächen in den Ecken markieren.
- Turnkisten im Feld aufstellen.

Ablauf:

- Die Mannschaft in Ballbesitz versucht, durch schnelle Pässe (A) und geschicktes Laufen einen Spieler anzuspielen, der auf einer Kiste steht (B).
- Gelingt dies, darf der Spieler von der Kiste aus auf die Weichbodenmatte werfen und versuchen, eines der vier Eckfelder zu treffen und so einen Punkt zu erzielen (C).
- Beide Mannschaften dürfen den abprallenden Ball erlaufen (D) und dann weiterspielen.
- Die abwehrende Mannschaft versucht, den Ball heraus zu fangen und den Pass auf die Kisten zu verhindern. Der Wurf auf die Matte wird nicht behindert.
- Welche Mannschaft erzielt mehr Punkte?

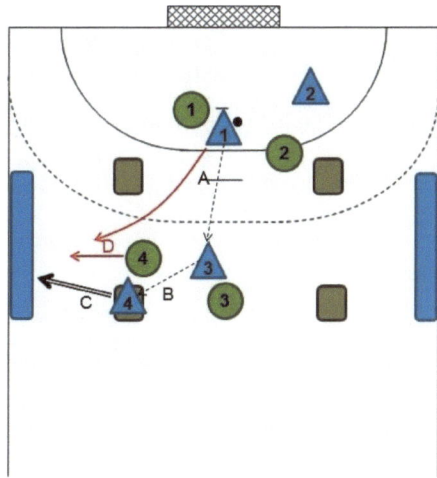

⚠ Die Anzahl der Turnkisten an die Mannschaftsgröße anpassen.

⚠ Den Abstand der Kisten von der Matte entsprechend der Leistungsstärke anpassen.

Nr.: 174-3	Koordination / Wurftechnik	15	40

Aufbau:

- Hütchen, Schaumstoffbalken, kleine Turnkisten wie im Bild abgebildet aufbauen.
- Zwei Weichbodenmatten an die Wand stellen und mit Tape Trefferflächen in den Ecken markieren.

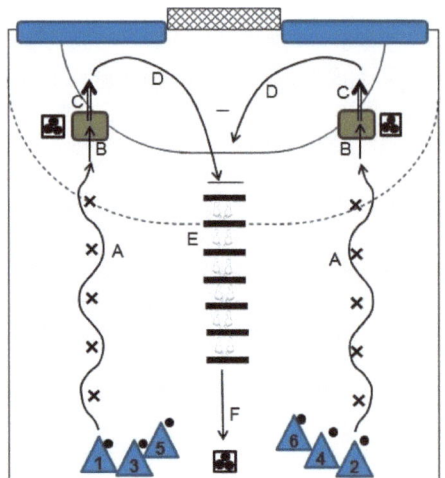

Ablauf:

- 1️⃣ und 2️⃣ starten gleichzeitig, prellen im Slalom durch die Hütchen (A), laufen zur Turnkiste (B) und werfen nach Vorgabe des Durchgangs auf die Weichbodenmatte.

Vorgaben:

- o 1. Durchgang: auf der Kiste sitzen und werfen.
- o 2. Durchgang: auf der Kiste stehen und werfen.
- o 3. Durchgang: Schrittstellung vor der Kiste und werfen.

- 1️⃣ und 2️⃣ werfen je dreimal und versuchen dabei, drei verschiedene Eckfelder zu treffen. Für jedes getroffene Eck gibt es einen Punkt.
- Danach laufen 1️⃣ und 2️⃣ zu den Balken (D), durchlaufen diese mit zwei Kontakten je Zwischenraum (E), und stellen sich wieder an (F).
- Die nächsten beiden Spieler starten, wenn 1️⃣ und 2️⃣ beide ihre drei Würfe beendet haben.
- Welche Mannschaft erzielt mehr Punkte?

⚠️ Auf korrekte Wurfausführung achten (Ausholbewegung, Armhaltung, Armzug, Körperdrehung) und entsprechend korrigieren.

⚠️ Die Spieler sollen zwischen den Würfen zügig den Ball holen, sich bei den Würfen aber etwas Zeit lassen und auf die richtige Wurftechnik achten.

| Nr.: 174-4 | Torhüter einwerfen | 10 | 50 |

Aufbau:

- Zwei Weichbodenmatten an die Wand stellen und mit Tape Trefferflächen in den Ecken markieren.
- Hütchentore zur Markierung der Wurflinie aufstellen.

Ablauf:

- ① wirft aus der Schrittstellung nach Vorgabe (Hände, hoch, tief) nach links (A).
- Etwas zeitverzögert wirft ② aus der Schrittstellung nach Vorgabe nach rechts.
- Nach dem Wurf holen die Spieler sich einen Ball (C), laufen zum Hütchentor (D) und werfen auf die Matte (E). Dabei versuchen sie, eine der vier Ecken zu treffen.
- Danach stellen die Spieler sich mit Ball auf der anderen Seite wieder an.

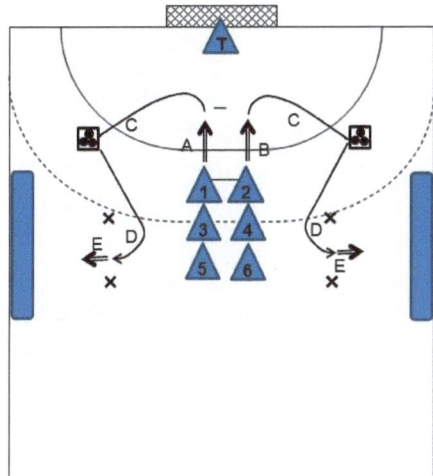

⚠ Auf korrekte Wurfausführung achten (Ausholbewegung, Armhaltung, Armzug, Körperdrehung) und entsprechend korrigieren.

| Nr.: 174-5 | Angriff / Wurfserie | 10 | 60 |

Aufbau (siehe Bild):
- Balken und Hütchen aufstellen.
- Eine Bank mit Hütchen darauf als zusätzliches Ziel aufbauen.
- Zwei Mannschaften bilden.

Ablauf Mannschaft 1:
- 2 prellt im Slalom durch die Hütchen (A) und wirft auf das Tor. (B).
- Für einen Treffer gibt es einen Punkt.
- Nach dem Wurf startet der nächste Spieler usw.

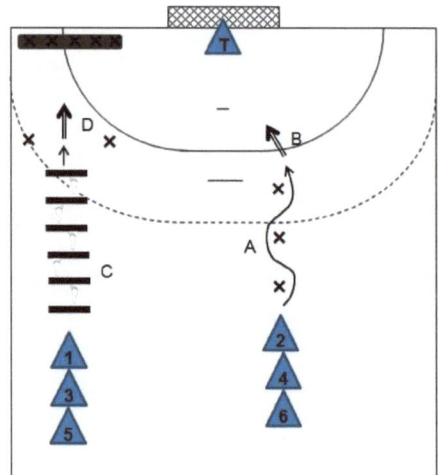

Ablauf Mannschaft 2:
- 1 durchläuft die Balken mit je einem Kontakt (C) und lässt dabei den Ball um seine Hüfte kreisen.
- Bei den Hütchen wirft 1 und versucht, ein Hütchen zu treffen. Für jeden Treffer gibt es einen Punkt, die Hütchen werden wieder aufgestellt.
- Nach dem Wurf startet der nächste Spieler usw.

Gesamtablauf:
- Jede Mannschaft wirft 4 Minuten auf Tor oder Hütchen, dann werden die Aufgaben getauscht. Welche Mannschaft erzielt insgesamt am meisten Punkte?

⚠ Auf korrekte Wurfausführung achten (Ausholbewegung, Armhaltung, Armzug, Körperdrehung) und entsprechend korrigieren.

Variation:
- Die Hütchen werden nicht wieder aufgestellt. Die Mannschaft 1 darf so lange auf das Tor werfen, bis die andere Mannschaft alle Hütchen getroffen hat, dann ist Aufgabenwechsel.

Nr.: 174-6	Angriff / individuell	10	70

Aufbau:

- Zwei Hütchentore wie im Bild aufstellen.

Ablauf:

- ▲1 passt zu ▲2 (A) und überläuft dann ●1 mit Lauftäuschungen am Hütchentor (B).

- ●1 hält ▲1 so lange wie möglich auf.

- Wenn ▲1 die Hütchen passiert hat, spielt ▲2 ihm den Pass in den Lauf (C), ▲1 geht Richtung Tor (D) und wirft (E).

- Nach dem Rückpass von ▲2 zu ▲1 (C) startet ▲3 den Ablauf von der anderen Seite (F).

- Nach dem Wurf stellen die Spieler sich auf der anderen Seite wieder an.

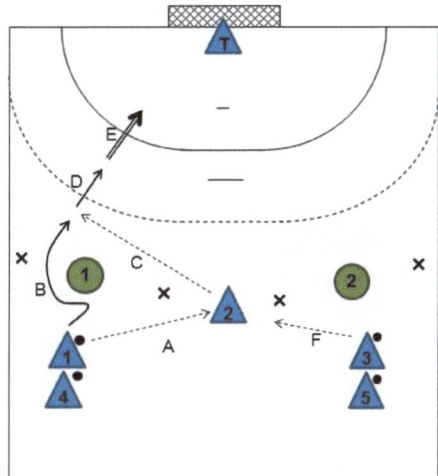

⚠ Anspieler und Abwehr regelmäßig wechseln.

⚠ Auf korrekte Ausführung des Wurfs achten und entsprechend korrigieren.

Nr.: 174-7	Angriff / individuell	15	85

Aufbau:

- Zwei Hütchentore und einen Schaumstoffbalken wie im Bild aufstellen.

Ablauf:

- 🔺1 passt zu 🔺2 (A) und überläuft 🟢1 am Hütchentor (B).

- 🟢1 hält 🔺1 so lange wie möglich auf.

- Beim Pass von 🔺1 zu 🔺2 (A) startet 🟢2 und springt 6mal von links nach rechts und zurück beidbeinig über den Balken (D).

- Wenn 🔺1 das Tor passiert hat, spielt 🔺2 ihm den Pass in den Lauf (C) und 🔺1 geht Richtung Tor (E).

- 🔺1 trifft dann die Entscheidung:
  - o Ist der Weg frei, wirft 🔺1 (F).
  - o Ist 🟢2 mit den Sprüngen fertig und kann 🔺1 abwehren (G), passt 🔺1 (H) zum mitlaufenden 🔺2 (J) und 🔺2 wirft (K).

- 🔺1 stellt sich bei 🔺4 an, 🔺2 bei 🔺5 .

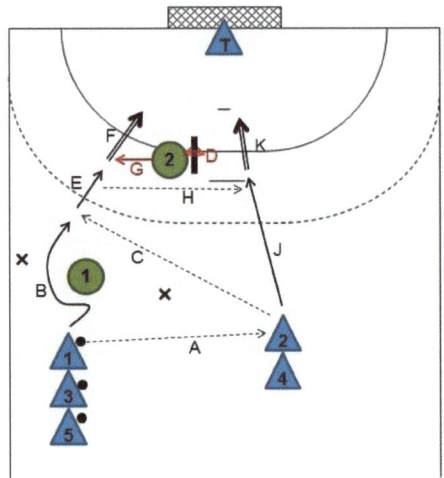

⚠️ 🔺1 soll beim Erhalt des Rückpasses (C) die Situation einschätzen und entscheiden, ob ein Wurf oder ein Pass die bessere Lösung ist.

⚠️ Abzahl der Sprünge in der Voraufgabe für 🟢2 entsprechend dem Leistungsvermögen anpassen.

⚠️ Abwehrspieler regelmäßig wechseln.

Nr.: 174-8	Abschlussspiel	5	90

Ablauf:

- Die Torleute spielen gegen die Feldspieler.
- Die Feldspieler werfen einmal von jeder Position. Jeder Spieler wirft seine fünf Würfe am Stück und wird dabei von den anderen Spielern angespielt.
- Die Torleute wechseln nach jedem Wurf, so dass sie immer abwechselnd im Tor stehen.
- Ein Tor gibt einen Punkt für die Feldspieler, ein Fehlwurf einen Punkt für die Torleute, wer hat am Ende mehr Punkte?

Nr.: 178	Grundlagen der offensiven Manndeckung trainieren (ohne Torhüter)	★	90

Startblock		Hauptblock				
X	Einlaufen/Dehnen		Angriff / individuell		Sprungkraft	
	Laufübung		Angriff / Kleingruppe		Sprintwettkampf	
X	Kleines Spiel		Angriff / Team		Torhüter	
	Koordination		Angriff / Wurfserie			
	Laufkoordination	X	Abwehr /Individuell		**Schlussblock**	
	Kräftigung	X	Abwehr / Kleingruppe		Abschlussspiel	
	Ballgewöhnung		Abwehr / Team		Abschlusssprint	
	Torhüter einwerfen		Athletiktraining			
			Ausdauertraining			

★: Einfache Anforderung (alle Jugend-Aktivenmannschaften)	★ ★: Mittlere Anforderung (geeignet ab C-Jugend bis Aktive)	★ ★ ★: Höhere Anforderung (geeignet ab B-Jugend bis Aktive)	★ ★ ★ ★: Intensive Anforderung (geeignet für Leistungsbereiche)

Legende:

✖ Hütchen

🔺 1 Angreifer

🟢 1 Abwehrspieler

Ballkiste

umgedrehte kleine Turnkiste

Benötigt:
→ 12 Hütchen, 4 kleine Turnkisten, 2 Ballkisten mit ausreichend Bällen

Beschreibung:
Ziel der Trainingseinheit ist das Erlernen und Verbessern der offensiven Manndeckung. Bereits in der Erwärmung werden beim Einlaufen und in einem kleinen Spiel das Beobachten und die Reaktion auf Bewegungen des Gegenspielers integriert. Im Anschluss folgen zwei individuelle Abwehrübungen im 1gegen1 mit und ohne Ball, anschließend wird beides in einem kleinen Wettkampf vertieft. Die zweite Hälfte des Hauptteils erweitert auf 2gegen2, wobei das Gleiten aneinander vorbei bei Kreuzbewegungen im Vordergrund steht. Zum Abschluss folgt ein Wettkampfspiel, bei dem die Trainingsinhalte noch einmal angewendet und erprobt werden können.

Insgesamt besteht die Trainingseinheit aus folgenden Schwerpunkten
- Einlaufen/Dehnen (Einzelübung: 15 Minuten / Trainingsgesamtzeit: 15 Minuten)
- kleines Spiel (10/25)
- Abwehr/individuell (15/40)
- Abwehr/individuell (10/50)
- Abwehr/individuell (15/65)
- Abwehr/Kleingruppe (10/75)
- Abwehr/Kleingruppe (15/90)

Gesamtzeit der Trainingseinheit: 90 Minuten

Nr.: 178-1	Einlaufen/Dehnen	15	15

Ablauf 1:
- Die Spieler bilden 2er-Paare.
- Ein Spieler läuft voraus und macht verschiedene Laufbewegungen vor (vorwärts, Sidesteps, Hopserlauf, Armkreisen, Springen usw.).
- Der Partner läuft mit 1-2 Metern Abstand hinterher und kopiert die Laufbewegung seines Vordermannes.
- Auf Pfiff wechseln die Aufgaben.

Ablauf 2:
- Die Spieler bilden wieder 2er-Paare.
- Die beiden Partner stellen sich mit Blickrichtung zueinander mit 1-2 Metern Abstand einander gegenüber auf.
- Ein Spieler gibt die Laufrichtung (vorwärts, seitwärts, rückwärts) und das Lauftempo vor.
- Der Partner reagiert auf die vorgegebene Laufbewegung und achtet darauf, dass der Abstand immer gleichbleibt und er möglichst in der Position frontal (mit leichter Schrittstellung) vor seinem Partner bleibt.

Gemeinsam in der Gruppe dehnen.

Nr.: 178-2	kleines Spiel		10	25

Aufbau:
- Gruppen mit 4-6 Spielern bilden.

Ablauf:
- Alle Spieler einer Gruppe stellen sich hintereinander auf und fassen sich mit den Händen um die Hüften.
- Jeweils ein Spieler geht nicht in die Reihe (im Bild ➊ und ➋), sondern stellt sich gegenüber dem Gruppenkopf (im Bild 🔺 und 🔺) auf.
- ➊ und ➋ versuchen durch Seitwärtsbewegungen und schnelle Antritte (A), den hintersten Spieler der Schlange zu berühren.
- 🔺 und 🔺 verhindern dies so lange wie möglich, indem sie sich in den Weg stellen (B) und versuchen, immer zwischen ➊ bzw. ➋ und der Schlange zu stehen.
- Die Gruppe darf sich ebenfalls vom Angreifer wegbewegen (C). Dabei dürfen sich die Spieler aber nicht loslassen, der Kontakt in der Schlange muss immer bestehen bleiben.
- Auf Pfiff gehen 🔺 und 🔺 aus der Gruppe heraus und versuchen im nächsten Umlauf, das Ende der Gruppe zu berühren, ➊ bzw. ➋ nehmen die Position ganz am Ende der Schlange ein.
- Usw. bis jeder Spieler einmal Fänger war.

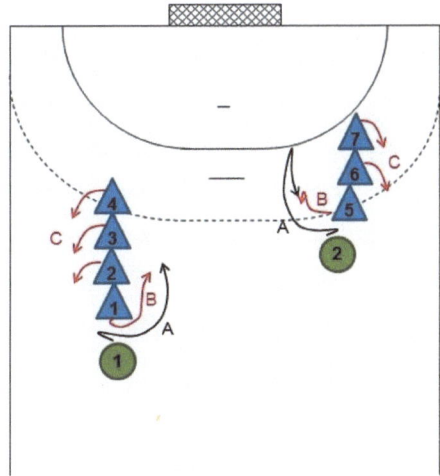

⚠ 🔺 und 🔺 sollen mit intensiver Beinarbeit versuchen, immer zwischen Schlange und Fänger zu stehen.

⚠ Die Fänger sollen aktiv arbeiten, viele Richtungswechsel und Geschwindigkeitswechsel vornehmen.

⚠ Je länger die Schlange ist, umso leichter ist die Aufgabe für den Fänger und umso schwerer für den Kopf der Gruppe.

| Nr.: 178-3 | Abwehr / individuell | 15 | 40 |

Aufbau:

- Die Spieler in 3er-Gruppen aufteilen. Jede 3er-Gruppe hat einen Ball (bei nicht durch drei teilbarer Gruppengröße kann die Übung in 4er-gruppen mit zwei sich abwechselnden Angreifern durchgeführt werden).
- Für jede Gruppe ein Rechteck aus vier Hütchen aufstellen (siehe Bild).

Ablauf:

- ① startet in der Abwehr im Rechteck.
- ⚊ betritt das Rechteck und versucht, sich für den Pass von
③ anzubieten (A). Ziel von ⚊ ist es, den Ball zu bekommen (E) und mit Ball das Feld über die hintere Hütchenlinie zu verlassen (D).
- ① nimmt ⚊ offensiv an und begleitet ⚊ so, dass er keinen Pass von ③ bekommen kann (B und C).
- Dabei achtet ① darauf, immer zwischen ⚊ und der Ziellinie zu stehen und sich mit schnellen Schritten immer wieder so zu positionieren, dass er den direkten Weg von ⚊ zur Ziellinie zustellt und gleichzeitig den Pass (C) unterbindet.
- Sollte ③ den Pass spielen, versucht ①, diesen abzufangen.
- Konnte ⚊ das Feld mit Ball verlassen oder verlässt ⚊ das Feld ohne Passerfolg, dreht er um und startet die nächste Aktion von der anderen Seite.
- Die anderen 3er-Gruppen führen den Ablauf parallel in ihren Rechtecken aus.
- Nach einer gewissen Zeit wechseln die Aufgaben innerhalb der 3er-Gruppen.

⚠ Die Abwehr muss sich immer zwischen Angreifer und Ziellinie positionieren und dennoch den Ball im Auge behalten.

⚠ Mit schnellen Seitwärts und Rückwärtsschritten versucht die Abwehr, in korrekter Abwehrposition den Abstand zum Angreifer konstant zu halten.

⚠ durch Variation der Feldgröße kann die Übung dem Leistungsstand der Spieler angepasst werden.

⚠ Der Angriff soll sich Freilaufen mit dem Ziel, die gegenüberliegende Linie zu überqueren.

Nr.: 178-4	**Abwehr / individuell**	**10**	**50**

Aufbau:

- Die Spieler in 2-3 Gruppen aufteilen.
- Für jede Gruppe ein Rechteck aus vier Hütchen aufstellen (siehe Bild).

Ablauf:

- Ein Spieler jeder Gruppe (hier ①) und ②) startet in der Abwehr im Rechteck.
- △₁ versucht mit Ball durch das Rechteck zu prellen und es auf der gegenüberliegenden Seite wieder zu verlassen (A).
- ① stellt den Laufweg von △₁ zu und versucht, △₁ abzudrängen und den Ball herauszuprellen (B).
- Verlässt △₁ das Feld oder verliert er den Ball, startet △₃ die nächste Aktion.
- Abwehrspieler regelmäßig wechseln.
- Die weiteren Gruppen führen den Ablauf parallel durch.

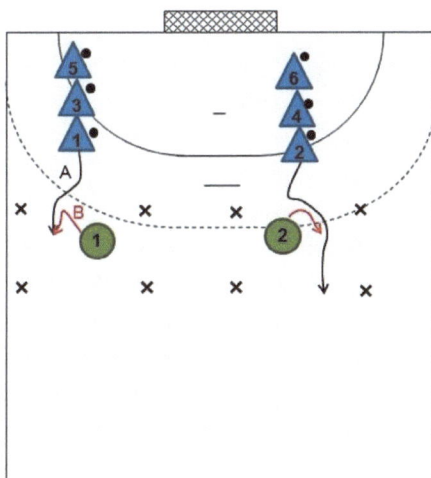

⚠ Die Abwehr muss sich immer zwischen Angreifer und Ziellinie positionieren und aus dieser Stellung versuchen, den Ball herauszuprellen.

Nr.: 178-5	Abwehr / individuell	15	65

Aufbau:
- Zwei Korridore mit Hütchen markieren, umgedrehte Turnkisten als Ziele aufstellen.

Ablauf:
- Zwei Mannschaften bilden, wobei jeweils ein Spieler bei der anderen Mannschaft in der Abwehr spielt. Pro Mannschaft ein Zuspieler (im Bild **3** und **4**).
- Die ersten Angreifer (hier **1** und **2**) starten mit Pass zum Zuspieler (A) und versuchen, sich im Feld freizulaufen (B), den Ball vom Zuspieler zu bekommen (E) und ihn (ev. nach Prellen) in der Kiste abzulegen (F). Dabei darf der Zuspieler auch mehrfach angespielt werden.
- **1** und **2** stellen den Weg zur Kiste zu (C) und versuchen, die Pässe zu verhindern (D) oder abzufangen, bzw. den Ball herauszuprellen, wenn der Angreifer den Ball prellt.
- Nach Ballverlust oder Ballablage in der Kiste startet der nächste Angreifer.
- Nach einiger Zeit, Abwehrspieler und Angreifer wechseln.
- Welche Mannschaft hat nach einem kompletten Durchlauf (jeder Spieler war einmal in der Abwehr) mehr Bälle in der Kiste abgelegt?

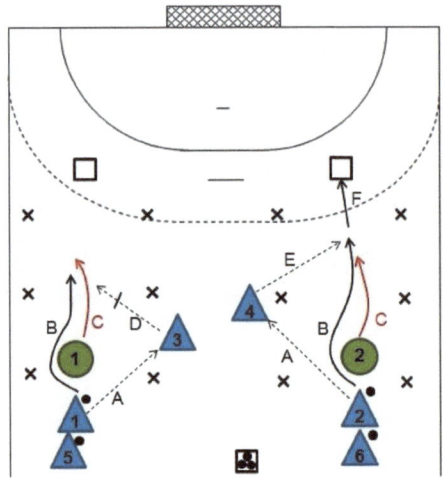

⚠ Die Abwehr muss sich immer zwischen Angreifer und Ziellinie positionieren und aus dieser Stellung versuchen, den Ball im Auge zu behalten.

⚠ durch Variation der Feldbreite kann die Übung dem Leistungsstand der Spieler angepasst werden.

Nr.: 178-6	Abwehr / Kleingruppe	10	75

Aufbau:

- Ein Rechteck mit vier Hütchen abgrenzen.

Ablauf:

- 1 und 2 spielen im 2gegen2 gegen 1 und 2. Dabei können sie 3 und 4 als Anspieler nutzen (A und F).
- Die Angreifer sollen Kreuzbewegungen mit und ohne Ball nutzen, um die Abwehr auszuspielen, z. Bsp.:
  - o 1 passt zu 3 (A).
  - o Anschließend versucht 1, im 1gegen1 an 1 vorbeizukommen (B).
  - o 1 verstellt den Weg zur Ziellinie (D).
  - o 2 kreuzt knapp hinter 1 (C).
  - o 2 soll die Kreuzbewegung rechtzeitig erkennen und dann hinter 1 und 1 durchgleiten und 2 sofort wieder annehmen (E).
- Nach Überqueren der Ziellinie oder Ballverlust starten die nächsten Angreifer.

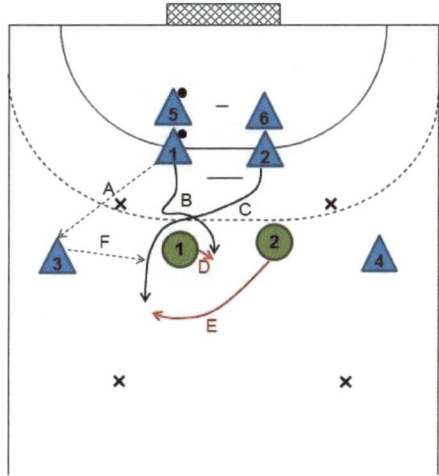

⚠ 1 und 2 müssen in der Abwehr wachsam sein und die Laufwege der Gegenspieler und des Mitspielers lesen, so dass sie bei einer engen Kreuzbewegung sofort wieder Kontakt zum Gegenspieler bekommen.

Nr.: 178-7	Abwehr / Kleingruppe	15	90

Aufbau:

- Mit Hütchen zwei Korridore markieren.
- Zielkisten und Ballkisten mit derselben Anzahl Bälle für Angriff und Abwehr aufstellen (siehe Bild).

Ablauf:

- Zwei Mannschaften bilden, der Angriff im ersten Korridor bildet eine Mannschaft mit der Abwehr im zweiten Korridor
- Auf beiden Korridoren wird gleichzeitig im 2gegen2 gespielt (A, B, C und E). Der Angriff hat dabei das Ziel, den Ball in der gegenüberliegenden Kiste abzulegen (D).
- Fängt oder prellt die Abwehr einen Ball heraus (F) oder macht der Angriff einen technischen Fehler, darf die Abwehr den Ball in ihrer Zielkiste ablegen (G).
- Wenn die erste Ballkiste leer ist, wird gezählt, wie viele Punkte Abwehr und Angriff erzielt haben, dann ist Aufgabenwechsel und der Ablauf beginnt von vorne.
- Welche Mannschaft erzielt mehr Punkte aus beiden Durchgängen?

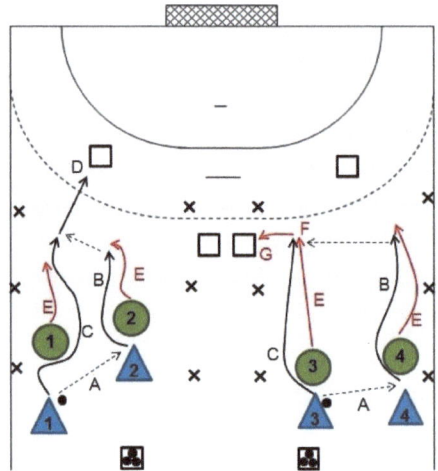

⚠ Die Breite der Korridore je nach Leistungsstand variieren.

Nr.: 192	Koordinatives Grundlagentraining für Feldspieler und Torhüter		☆	90

Startblock		Hauptblock				
X	Einlaufen/Dehnen		Angriff / individuell			Sprungkraft	
	Laufübung		Angriff / Kleingruppe		X	Sprintwettkampf	
	Kleines Spiel		Angriff / Team		X	Torhüter	
	Koordination		X	Angriff / Wurfserie			
	Laufkoordination		Abwehr /Individuell			**Schlussblock**	
	Kräftigung		Abwehr / Kleingruppe			Abschlussspiel	
X	Ballgewöhnung		Abwehr / Team			Abschlusssprint	
X	Torhüter einwerfen		Athletiktraining				
			Ausdauertraining				

☆ : Einfache Anforderung (alle Jugend-Aktivenmannschaften)	☆ ☆ : Mittlere Anforderung (geeignet ab C-Jugend bis Aktive)	☆ ☆ ☆ : Höhere Anforderung (geeignet ab B-Jugend bis Aktive)	☆ ☆ ☆ ☆ : Intensive Anforderung (geeignet für Leistungsbereiche)

Legende:

✖ — Hütchen

▲1 — Angreifer

●1 — Abwehrspieler

▨ — Ballkiste

▬ — Turnbank

▢ — kleine Turnkiste

○ — Reifen

Benötigt:

→ 2 kleine Turnkisten, 10 Reifen, 1 Turnbank, 5-10 Hütchen, 2 Ballkisten mit ausreichend Bällen

Beschreibung:

Der Torhüter steht im Mittelpunkt der vorliegenden Trainingseinheit, zudem schulen alle Übungen die koordinativen Fähigkeiten aller Spieler. Nach der Erwärmung mit einer Gruppenübung zum Einlaufen und einem Reaktions-Sprintwettkampf, wird in der Ballgewöhnung die Fokussierung auf den Ball und das richtige Stellungsspiel geschult. Es folgt eine Torhüterübung mit verschiedenen Passvarianten an die Hallenwand. Das Torhüter einwerfen und die folgende Torhüterübung stellen koordinative Aufgaben für Torhüter und Feldspieler gleichermaßen. Ein Wurfwettkampf schließt die Trainingseinheit ab.

Insgesamt besteht die Trainingseinheit aus folgenden Schwerpunkten
- Einlaufen/Dehnen (Einzelübung: 10 Minuten / Trainingsgesamtzeit: 10 Minuten)
- Sprintwettkampf (15/25)
- Ballgewöhnung (10/35)
- Torhüter (15/50)
- Torhüter einwerfen (15/65)
- Torhüter (10/75)
- Angriff/Wurfserie (15/90)

Gesamtzeit der Trainingseinheit: 90 Minuten

Nr.: 192-1	Einlaufen/Dehnen	10	10

Ablauf:

- Jeder Spieler hat zu Beginn einen Reifen.
- Auf Kommando des Trainers stellt jeder seinen Reifen auf und dreht den Reifen an, so dass er sich auf der Stelle um die eigene Achse dreht (A).
- Die Spieler versuchen nun, alle Reifen permanent in der Drehung zu halten, ohne dass ein Reifen umfällt, indem sie die Reifen immer wieder andrehen.
- Dabei darf ein Spieler nie einen Reifen zweimal hintereinander andrehen, sondern muss zuvor zu einem anderen Reifen laufen (B).
- Ein bis zwei Spieler arbeiten gegen die anderen und versuchen, die Reifen durch leichtes Anstoßen schneller zum Kippen zu bringen.
- Wie lange schafft es die Gruppe, alle Reifen am Drehen zu halten?
- Wenn ein Reifen fällt, zwei neue Spieler als Gegenspieler definieren.

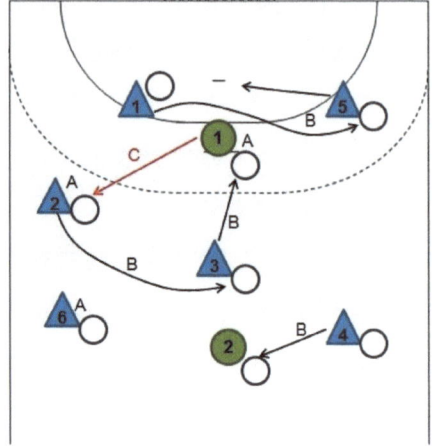

Gemeinsam in der Gruppe dehnen.

Nr.: 192-2	Sprintwettkampf	15	25

Aufbau:
- 2er-Teams stellen sich an einer Linie in der Mitte gegenüber auf.

Ablauf:
- Eine Seite der Spieler wird als „Schwarz", definiert, die andere als „Weiß".
- Der Trainer gibt das Kommando. Er ruft „schwarz" oder „weiß". Die Spieler, die auf der genannten Seite stehen, versuchen daraufhin, die Spieler der anderen Seite zu fangen (B). Gelingt es ihnen, bekommen sie einen Punkt (C).
- Die anderen Spieler versuchen, bis zur Seitenauslinie zu sprinten (A), ohne gefangen zu werden. Gelingt dies, bekommen sie einen Punkt.
- Läuft ein Spieler in die falsche Richtung in den Fänger hinein, gilt er auch als gefangen (D).
- Danach stellen sich die Paare für die nächste Runde wieder an die Linie.

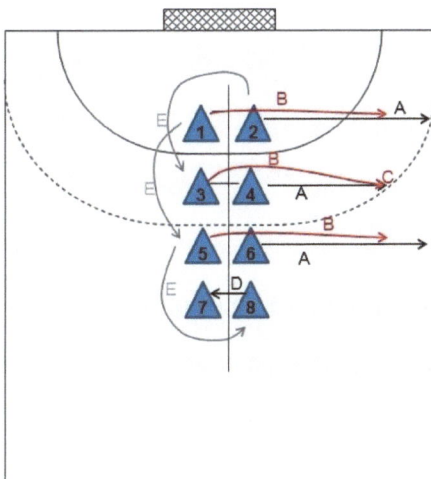

Gesamtablauf:
- Jedes 2er-Team sprintet dreimal gegeneinander, danach wechselt jeder Spieler eine Position nach rechts (eventuell auch auf die andere Seite), wodurch neue Paare entstehen (E).
- Nach einigen Runden werden die Vorgaben variiert.
- Wer erreicht die meisten Punkte?

Variationen:
- Die Aufgaben beim Kommando tauschen, jetzt muss der genannte Spieler fliehen und der andere fängt.
- Der Trainer ruft nicht „schwarz" oder „weiß", sondern einen Begriff, der damit assoziiert wird (Schnee, Eisbär, Milch für Weiß - Kohle, Rabe, Nacht für schwarz) und die Spieler müssen vor der Aktion umdenken.

Nr.: 192-3	Ballgewöhnung	10	35

Aufbau:

- Zwei kleine Turnkisten als Ziel aufeinanderstellen, mit Hütchen in einigem Abstand einen Kreis markieren.

Ablauf:

- Die Spieler passen sich einen Ball zunächst im Kreis (A, B und C).
- Wenn sie eine Möglichkeit sehen, versuchen sie, den Kistenturm in der Mitte zu treffen (F).
- Der Torhüter bewegt sich mit dem Ball mit (D und E) und positioniert sich immer so, dass ein Wurf schwierig ist.
- Kommt der Wurf, versucht der Torhüter, den Ball abzuwehren.

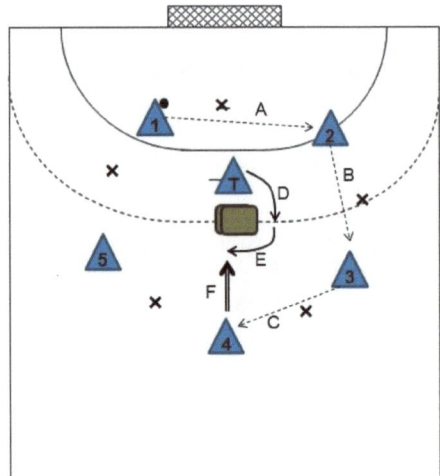

Variationen:

- Nach einigen Runden auch Richtungswechsel bei den Pässen zulassen.

Nr.: 192-4	Torhüter		15	50

Aufbau:

- Es werden 3er-Gruppen gebildet. Idealerweise ein Torhüter pro Gruppe. In Gruppen ohne Torhüter, wechseln die Feldspieler bei den Übungen die Aufgaben.

Ablauf 1:

- Der Torhüter steht mit Blick zur Hallenwand.
- Die Feldspieler werfen abwechselnd im Bodenpass (A und C) an die Wand, der Torhüter versucht, den Ball nach der Wandberührung direkt (ohne aufsetzen) zu fangen (B).
- Nach dem Fangen rollt der Torhüter den Ball leicht nach hinten, so dass der Spieler ihn aufnehmen kann und wechselt schnell zur anderen Seite (D), um auch den nächsten Ball zu fangen. Dann wieder zurück usw.

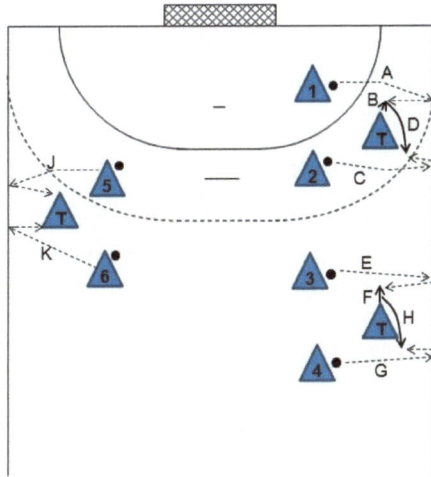

Ablauf 2:

- Wie Ablauf 1, aber die Spieler werfen direkt an die Wand, der Torhüter versucht, dennoch direkt zu fangen (auch wenn die Bälle tiefer kommen) (E-H).

Ablauf 3:

- Der Torhüter sitzt im Grätschsitz vor der Wand, die Spieler spielen so an die Wand, dass der Torhüter ihn durch Bewegung im Oberkörper mit den Händen erreichen kann. Bodenpässe (J) und direkte Pässe sind erlaubt (K).

⚠ Die Spieler sollen die Pässe so an die Wand spielen, dass der Torwart sie erreichen kann, er sich dafür aber schnell von rechts nach links und zurückbewegen muss.

⚠ Die Spieler sollen nach dem Fangen durch den Torwart den Ball schnell wiederaufnehmen, um dann den nächsten Pass wieder spielen zu können.

Nr.: 192-5	Torhüter einwerfen	15	65

Aufbau:
- Reifen, Ballkiste und Bank wie im Bild aufstellen.

Ablauf:
- ▲1 startet mit Ball und prellt den Ball einmal in jedem Reifen auf (A) und wirft dann nach Vorgabe (Im Bild rechts hoch oder tief) auf das Tor (B).
- Wenn ▲1 am letzten Reifen ist, läuft der Torhüter nach links, klatscht dem Trainer in die Hände und hält dann den von ▲1 geworfenen Ball (C).
- Etwas zeitversetzt (in etwa, wenn ▲1 am vierten Reifen ist), startet ▲2, so dass für den Torwart ein Rhythmus entsteht.
- Nach dem Wurf, holen die Spieler den geworfenen Ball oder einen Ball aus der Ballkiste (D), laufen an der Bank entlang und prellen auf der Bank (E) und stellen sich wieder an.

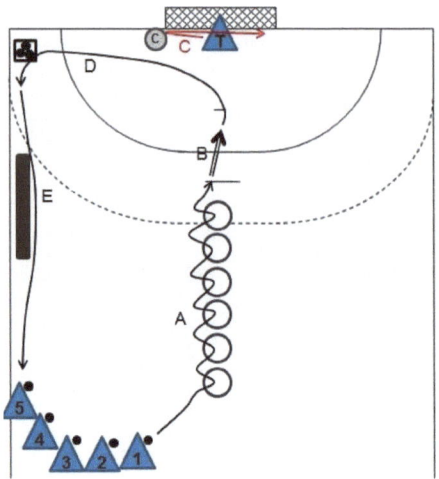

Wurfvorgaben:
- Rechts tief, rechts hoch, rechts tief oder hoch.
- Links tief, links hoch, links tief oder hoch (hier steht der Trainer auf der anderen Seite).

| Nr.: 192-6 | Torhüter | 10 | 75 |

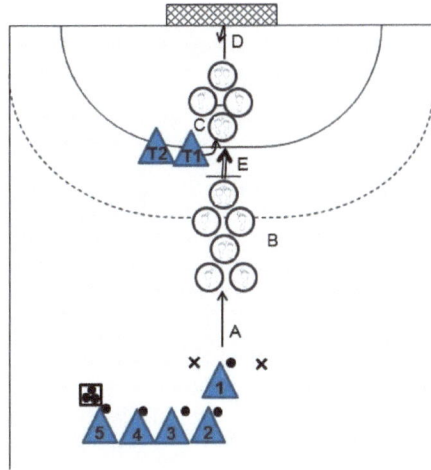

Aufbau:
- Hütchen und Reifen wie im Bild auslegen.

Ablauf:
- 1 startet an den Hütchen mit Ball, prellt einmal (A), nimmt den Ball dann auf und springt durch die Reifen (bei zwei nebeneinanderliegenden Reifen mit einem Fuß in jedem Reifen, bei einem Reifen beidbeinig im Reifen) (B). Dabei kreist 1 den Ball um die Hüfte.
- Gleichzeitig startet der Torhüter und springt durch die Reifen innerhalb des Kreises (C), dreht sich dann schnell um (D) und hält den Wurf von 1 (E).
- Dann startet der Ablauf mit 2 und einem zweiten Torhüter, 1 und der erste Torhüter stellen sich wieder an.

Wurfvorgaben für die Werfer:
- Wurf beidbeinig über Kopf.
- Wurf mit der Nichtwurfhand.
- Wurf mit der Wurfhand über das falsche Bein.
- Wurf mit der Wurfhand aus dem Lauf.
- Wurf im beidbeinigen Sprung.

⚠ Die Reifen und Hütchen so aufstellen, dass der Torhüter es nach den eigenen Sprüngen ins Tor schaffen kann, aber möglichst nicht auf den Wurf warten muss.

| Nr.: 192-7 | Angriff / Wurfserie | 15 | 90 |

Aufbau:

- Kleine Turnkiste, Bank, Reifen und Hütchen wie im Bild aufstellen.
- Zwei Mannschaften bilden (Schützen links und rechts). Jede Mannschaft bekommt eine Ballkiste mit der gleichen Anzahl Bällen.

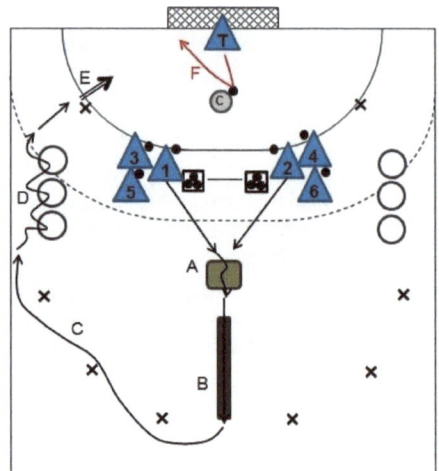

Ablauf:

- ▲ startet mit Ball, prellt zur kleinen Turnkiste, läuft über die Turnkiste ohne mit dem Prellen aufzuhören (A), läuft dann über die Bank (B) und prellt dabei den Ball weiter auf dem Boden neben der Bank).

- ▲ umprellt im Slalom die Hütchen (C), prellt dann einmal in jeden Reifen (D), nimmt den Ball auf und wirft von links außen (E).

- Wenn ▲ bei den Reifen ist, läuft der Torhüter zum Trainer, berührt den präsentierten Ball und stellt sich dann für den Wurf von außen (F).

- Wenn ▲ trifft, holt er den Ball und legt ihn in die Ballkiste der anderen Mannschaft, verwirft ▲, legt er den Ball in die eigene Ballkiste. ▲ stellt sich wieder an.

- ▲ startet, wenn ▲ die Bank verlässt mit dem gleichen Ablauf, läuft dabei aber nach der Bank nach rechts und wirft von rechts außen.

- Welche Mannschaft hat nach Ablauf der Zeit die wenigsten Bälle in der Ballkiste?

⚠ Die Spieler sollen die koordinativen Übungen konzentriert und möglichst fehlerfrei ausführen, die Geschwindigkeit erst mit steigender Sicherheit steigern.

⚠ Der Trainer präsentiert den Ball für den Torwart (F) immer unterschiedlich, mal hoch, mal tief, links oder rechts, so dass der Torhüter darauf reagieren muss.

⚠ eventuell zwei Durchgänge spielen und die Seiten tauschen.

Nr.: 198	Verbessern der Passgenauigkeit und Passentscheidung in Drucksituationen		☆	90

Startblock		Hauptblock			
X	Einlaufen/Dehnen	X	Angriff / individuell		Sprungkraft
	Laufübung		Angriff / Kleingruppe		Sprintwettkampf
X	Kleines Spiel		Angriff / Team		Torhüter
	Koordination	X	Angriff / Wurfserie		
	Laufkoordination		Abwehr /Individuell		**Schlussblock**
	Kräftigung		Abwehr / Kleingruppe	X	Abschlussspiel
X	Ballgewöhnung		Abwehr / Team		Abschlusssprint
X	Torhüter einwerfen		Athletiktraining		
			Ausdauertraining		

☆: Einfache Anforderung (alle Jugend-Aktivenmannschaften)	☆☆: Mittlere Anforderung (geeignet ab C-Jugend bis Aktive)	☆☆☆: Höhere Anforderung (geeignet ab B-Jugend bis Aktive)	☆☆☆☆: Intensive Anforderung (geeignet für Leistungsbereiche)

Legende:

✖ Hütchen

🔺1 Angreifer

🟢1 Abwehrspieler

▬▬▬ Turnbank

▣ Ballkiste

☐ umgedrehte kleine Turnkiste

Benötigt:
→ 6 Hütchen, drei kleine Turnkisten, 2 Turnbänke, Ballkiste mit ausreichend Bällen

Beschreibung:

Ziel der Trainingseinheit ist das Verbessern der Passgenauigkeit und der Passentscheidung unter Zeitdruck. Bereits das Einlaufen erfolgt mit verschiedenen Passvarianten. Nach einem kleinen Spiel, werden in der Ballgewöhnung und im Torhüter einwerfen Pässe zu einem fest stehenden Ziel geübt. Eine Wurfserie und zwei individuelle Angriffsübungen fordern dann schnelle Entscheidungen, wohin ein Pass gespielt wird. In einem Abschlussspiel wird das Geübte angewendet.

Insgesamt besteht die Trainingseinheit aus folgenden Schwerpunkten
- Einlaufen/Dehnen (Einzelübung: 10 Minuten / Trainingsgesamtzeit: 10 Minuten)
- kleines Spiel (15/25)
- Ballgewöhnung (10/35)
- Torhüter einwerfen (10/45)
- Angriff/Wurfserie (10/55)
- Angriff/individuell (15/70)
- Angriff/individuell (10/80)
- Abschlussspiel (10/90)

Gesamtzeit der Trainingseinheit: 90 Minuten

Nr.: 198-1	Einlaufen/Dehnen	10	10

Aufbau:

- Die Spieler bilden Zweiergruppen und stellen sich mit einem Ball einander gegenüber auf (ein Spieler an der Grundlinie, der andere in drei Metern Abstand mit Blickrichtung zum Mitspieler).

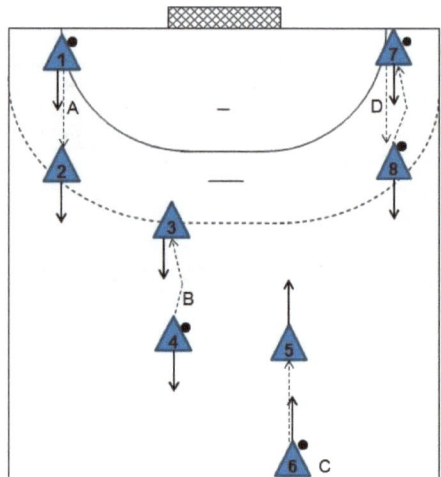

Ablauf:

- Alle Gruppen starten gleichzeitig. Der vordere Spieler läuft rückwärts, der hintere vorwärts. Während des Laufens spielen die Spieler fortwährend Pässe (A). An der Mittellinie wird die Laufrichtung geändert und die Gruppe läuft zurück (C).
- Im zweiten Durchgang werden Bodenpässe gespielt (B).
- Beide Durchgänge (A und B) werden mit der Nicht-Wurfhand wiederholt.
- Im fünften Durchgang nimmt jede Gruppe einen zweiten Ball. Ein Ball wird direkt gespielt, ein Ball im Bodenpass (D).

Gemeinsam in der Gruppe dehnen.

⚠ Jeden Durchgang mehrmals hintereinander ausführen, damit die Spieler üben können.

Nr.: 198-2	kleines Spiel	15	25

Aufbau:

- Das Spielfeld mit Hütchen oder bestehenden Linien in drei Felder teilen.
- Eine Ballkiste und drei leere Kisten wie im Bild aufstellen.
- Drei Mannschaften bilden.

Ablauf:

- ▲1, ▲2 und ▲3 spielen zusammen mit ▲4, ▲5 und ▲6.

- ▲1, ▲2 und ▲3 holen sich die Bälle aus der Ballkiste (A) und passen sie dann im Bodenpass (B) oder direkt (C) zu ▲4, ▲5 oder ▲6, die die gefangenen Bälle in ihrer Kiste ablegen (D).

- ●1, ●2 und ●3 versuchen, die Pässe abzufangen (E) und in einer der seitlichen Kisten abzulegen (F).
- Sind alle Bälle gepasst, werden die Bälle für Abwehr und Angriff gezählt (die Punkte im Angriff zählen für beide Angriffsteams), danach wechseln die Teams die Aufgaben und der Ablauf startet neu.
- Welche Mannschaft hat nach drei Durchläufen (Passgeber, Fänger, Abwehr) die meisten Punkte gesammelt?

⚠ Die Spieler sollen keine Bogenlampen spielen. Klare Bogenlampen eventuell für die Abwehr zählen.

⚠ Jeder Spieler passt seinen Ball selbst auf die andere Seite, die Bälle werden nicht innerhalb eines Feldes übergeben.

Nr.: 198-3	Ballgewöhnung	10	35

Aufbau:
- Zwei Mannschaften bilden und pro Mannschaft zwei Bänke aufstellen (Bild).

Ablauf:
- Die Spieler stehen auf der Bank und passen sich in der Mannschaft einen Ball.
- 1 passt zu 2 (A), 2 zu 3, 3 zu 4 (B) usw. bis zum letzten Spieler (C), hier 6, dieser passt wieder zurück (D) und der Ball läuft entgegengesetzt zurück zu 1.

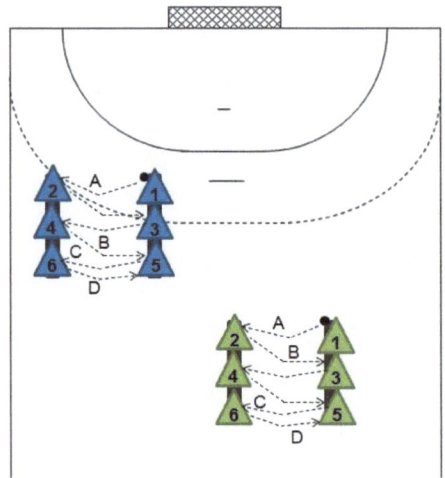

Wettkampf:
- Die Mannschaften starten auf Pfiff gleichzeitig mit dem Ablauf. Das Team, das den Ball zuerst zu 6 und zurück zu 1 gepasst hat, erhält einen Punkt.
- Muss ein Spieler die Bank verlassen, geht es weiter, sobald der Spieler wieder auf der Bank steht.
- Es werden mehrere Durchgänge mit verschiedenen Aufgabenvariationen gespielt. Welches Team erzielt die meisten Punkte?

Variationen/Durchgänge:
- Die Pässe werden ausschließlich im Bodenpass gespielt.
- Die Pässe werden ausschließlich direkt gespielt.
- Es wird mit der Nicht-Wurfhand gepasst.
- Die Spieler stehen beim Passen/Fangen auf einem Bein.

| Nr.: 198-4 | Torhüter einwerfen | 10 | 45 |

Ablauf:

- Die Spieler stellen sich in zwei Reihen versetzt auf (siehe Bild).
- 6 passt zu 5 (A), 5 zu 4 (B) usw., bis der Ball beim vordersten Spieler (1) ankommt.
- 1 wirft nach Vorgabe (Hände, hoch, tief) (C).
- Jeder Spieler läuft nach seinem Pass auf die Position, zu der er gepasst hat (D).
- Nach 2-3 Pässen bringt der nächste Spieler den zweiten Ball ins Spiel usw.
- Nach dem Wurf stellen die Spieler sich mit Ball wieder an (E).

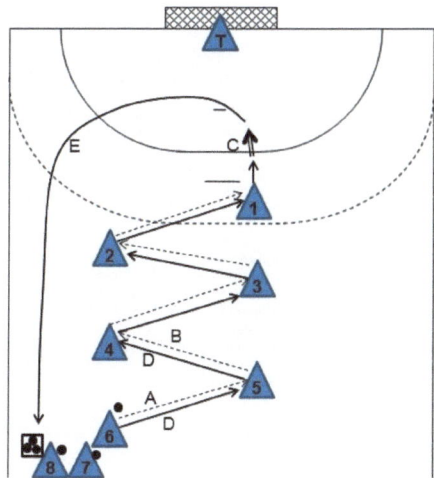

Variation:

- Verschiedene Passvarianten (Bodenpässe, Druckpässe, Pässe über Kopf, Pässe mit der Nicht-Wurfhand...).

Nr.: 198-5	Angriff / Wurfserie	10	55

Ablauf:

- ▲2 passt den Ball zu ▲1 (A)
- Beim Pass hebt einer der anderen Spieler der Arm (im Bild ▲4).
- ▲1 dreht sich um und passt so schnell wie möglich zu diesem Spieler (B).
- ▲4 geht zum Tor und wirft (C)
- Sofort nach dem Pass von ▲1 zu ▲4, passt ▲2 den nächsten Ball (D) zu ▲1
- ▲1 dreht sich und passt wieder zu dem Spieler, der den Arm hebt (E) und dieser wirft (F)
- Der Ablauf wiederholt sich, bis alle Spieler geworfen haben
- Im nächsten Durchgang spielt ▲2 die Pässe zu den Werfern, ein neuer Spieler wird zum Zuspieler für ▲2. ▲1 stellt sich als Werfer an.

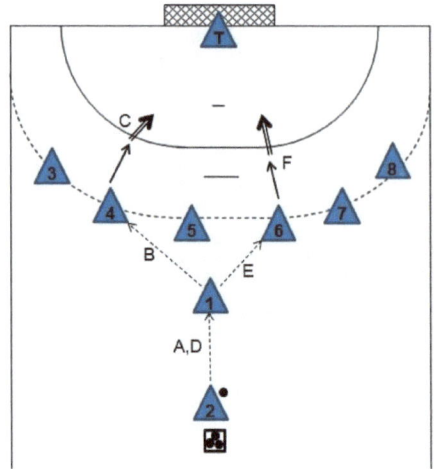

Variation:

- Die Spieler heben nicht den Arm, stattdessen nennt ▲2 beim Pass zu ▲1 den Spieler, zu dem gepasst werden soll.

⚠ ▲1 muss so schnell wie möglich erkennen, wer den Ball bekommen soll. Er soll dennoch genaue Pässe zu den Werfern spielen

⚠ Heben mehrere Spieler die Hand, darf ▲1 aussuchen, wer den Ball bekommt.

Hebt kein Spieler die Hand, prellt ▲1, bis ein Spieler die Hand hebt.

Nr.: 198-6	Angriff / individuell	15	70

Aufbau:

- Hütchen wie im Bild aufstellen

Ablauf:

- 🔺 sprintet ohne Ball zum ersten Hütchen (A) und umläuft die Hütchen im Slalom (B)

- Am letzten Hütchen bekommt 🔺 den Pass von 🔺 in den Lauf (C) gespielt.

- Während 🔺 die Hütchen umläuft (B), orientiert sich 🟢 deutlich zu 🔺 oder 🔺 (E)

- 🔺 dreht sich (D) und passt so schnell wie möglich zum freien Spieler (F), dieser geht zum Tor und wirft (G und H)

- Der Werfer stellt sich hinter 🔺 an (J), 🔺 stellt sich an die frei gewordene Position des Werfers (K).

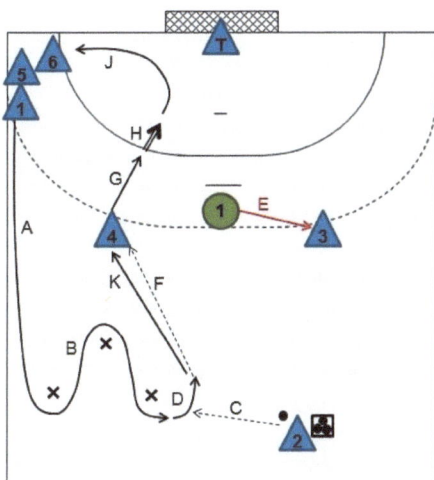

⚠ Abwehrspieler und Anspieler regelmäßig wechseln

Nr.: 198-7	Angriff / individuell	10	80

Aufbau:
- Hütchen wie im Bild aufstellen.

Ablauf:

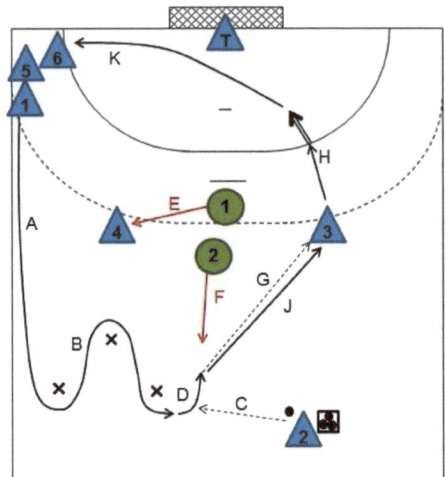

Bild1

- ![1] sprintet ohne Ball zum ersten Hütchen (A) und umläuft die Hütchen im Slalom (B).
- Am letzten Hütchen bekommt ![1] den Pass von ![2] in den Lauf (C) gespielt.
- Während ![1] die Hütchen umläuft (B), entscheidet sich die Abwehr (![1] und ![2]) für eine der folgenden Deckungsvarianten:
  - Bild1: Ein Spieler orientiert sich deutlich zu ![3] oder ![4] (E), der andere tritt ![1] entgegen (F).
  - Bild2: ![1] und ![2] decken sowohl ![3] (E) als auch ![4] (L) ab.
- ![1] dreht sich (D) und spielt im ersten Fall zum freien Mitspieler (G), dieser geht in Richtung Tor und wirft (H). ![1] nimmt dann die Position des Werfers ein (J), der Werfer stellt sich an (K).
- Sind beide Mitspieler gedeckt (Bild2), geht ![1] selbst in Richtung Tor (M), wirft (N) und stellt sich wieder an (P).

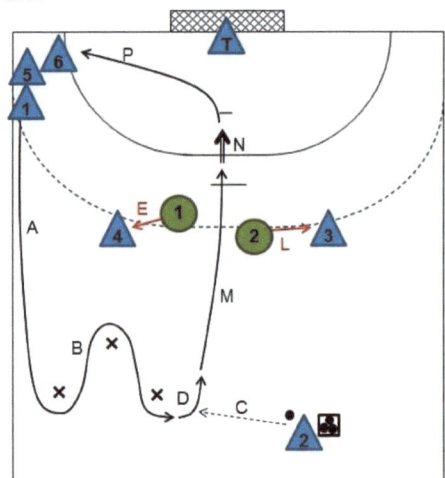

Bild 2

Erweiterung:
- Zunächst bleiben die Abwehrspieler bei der einmal getroffenen Entscheidung. Im weiteren Verlauf, kann man der Abwehr auch erlauben, auf ![1] zuzugehen, während ![1] zum Tor zieht (M). ![1] muss dann im richtigen Moment den Pass zum freiwerdenden Mitspieler spielen.

⚠ ![1] soll nach dem Pass so schnell wie möglich die „richtige" Entscheidung treffen und entweder einen schnellen Pass zum Mitspieler spielen oder selbst in Richtung Tor ziehen.

⚠ Abwehrspieler und Anspieler regelmäßig wechseln.

Nr.: 198-8	Abschlussspiel	10	90

Aufbau:

- Korridor mit Hütchen abstecken, Ballkiste und leere Kisten wie im Bild aufstellen.

Ablauf:

- 1 und 2 spielen zusammen mit dem Torhüter gegen alle anderen Spieler, die in Dreiergruppen angreifen.
- Die erste Dreiergruppe (1, 2 und 3) spielt im 3gegen2 gegen 1 und 2. Sie versucht, mit Pässen (A, B und D) und Freilaufen (C) zum Torerfolg zu kommen (E).
- Die Angreifer sollen nur prellen, wenn die Abwehr beide Mitspieler abdeckt.
- Wird der Angriff mit Tor abgeschlossen, dürfen die Angreifer den Ball in der äußeren Kiste ablegen (F), bekommt die Abwehr den Ball, hält der Torwart oder macht der Angriff einen technischen Fehler, wird der Ball in die Kiste neben dem Tor gelegt.
- Danach startet die nächste Dreiergruppe.
- Wer hat am Ende mehr Bälle gesammelt, der Angriff oder Abwehr und Torhüter?
- In weiteren Durchgängen spielen neue Spieler in der Abwehr.

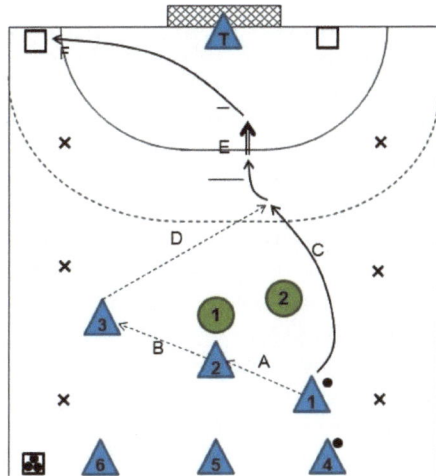

Nr.: 202	Grundlagen des Sprungwurfs - Anlaufen mit drei Schritten und abspringen		☆	90

Startblock		Hauptblock				
X	Einlaufen/Dehnen		X	Angriff / individuell		Sprungkraft
	Laufübung			Angriff / Kleingruppe		Sprintwettkampf
X	Kleines Spiel			Angriff / Team		Torhüter
	Koordination			Angriff / Wurfserie		
	Laufkoordination			Abwehr /Individuell		**Schlussblock**
	Kräftigung			Abwehr / Kleingruppe	X	Abschlussspiel
	Ballgewöhnung			Abwehr / Team		Abschlusssprint
X	Torhüter einwerfen			Athletiktraining		
				Ausdauertraining		

☆: Einfache Anforderung (alle Jugend-Aktivenmannschaften)	☆ ☆: Mittlere Anforderung (geeignet ab C-Jugend bis Aktive)	☆ ☆ ☆: Höhere Anforderung (geeignet ab B-Jugend bis Aktive)	☆ ☆ ☆ ☆: Intensive Anforderung (geeignet für Leistungsbereiche)

Legende:

✖   Hütchen

🔺1   Angreifer

🟢1   Abwehrspieler

▣   Ballkiste

▬   Turnbank

▭   Kleine Turnkiste

◯   Reifen

◼   Würfel

🟠   Medizinball

Benötigt:

➔ 4 Hütchen, 4 kleine Turnkisten, 2 Turnbänke, 2 Schaumstoffwürfel, 4 Medizinbälle, 4 Reifen, 2 Ballkisten mit ausreichend Bällen, Karten mit Zahlen 1-6

Beschreibung:

Ziel der Trainingseinheit ist das Erlernen und Verbesserung des Sprungwurfs sowie des Anlaufs mit 2 bzw. 3 Schritten. Bereits im Einlaufen wird das Timing im Sprung mit einbezogen. Nach einem kleinen Spiel wird zunächst auf den Armzug eingegangen durch Würfe im Sitzen und im Stehen. Es folgt eine Übung zu Anlaufrhythmus und Sprungwurf auf feste Ziele, was im Torhüter einwerfen und einem anschließenden Wurfwettkampf um den Torwurf erweitert und gefestigt wird. Zum Ende des Trainings muss in einer individuellen Übung vor dem Wurf auf äußere Einflüsse reagiert werden, bevor ein Wurfwettkampf das Training abschließt.

Insgesamt besteht die Trainingseinheit aus folgenden Schwerpunkten
- Einlaufen/Dehnen (Einzelübung: 10 Minuten / Trainingsgesamtzeit: 10 Minuten)
- kleines Spiel (10/20)
- Angriff individuell (10/30)
- Angriff/individuell (10/40)
- Torhüter einwerfen (10/50)
- Angriff/individuell (15/65)
- Angriff/individuell (15/80)
- Abschlussspiel (10/90)

Gesamtzeit der Trainingseinheit: 90 Minuten

Nr.: 202-1	Einlaufen/Dehnen	10	10

Ablauf:

- Jeder Spieler hat einen Ball. Die Spieler bewegen sich durcheinander durch die Halle. Sie führen dabei nacheinander folgenden Übungen aus (jeweils 2-3 Minuten):
  - Der Ball wird immer wieder weit nach oben geworfen und so früh wie möglich aus der Luft gefangen.
  - Der Ball wird immer wieder weit nach oben geworfen und die Spieler springen, um den Ball so früh wie möglich im Sprung zu fangen.
  - Die Spieler werfen den Ball nahe (2-3 Meter Abstand) an einer Hallenwand nach oben und versuchen, den Ball aus dem Sprung mit einer Hand, an die Hallenwand zu schlagen.

Gemeinsam in der Gruppe dehnen/mobilisieren.

Nr.: 202-2	kleines Spiel	10	20

Aufbau:

- Mind. zwei Mannschaften bilden.
- Bänke, Hütchen und Turnkisten pro Mannschaft wie im Bild aufstellen.
- Pro Mannschaft einen Würfel und sechs Karten mit den Zahlen 1-6 auslegen.

Ablauf:

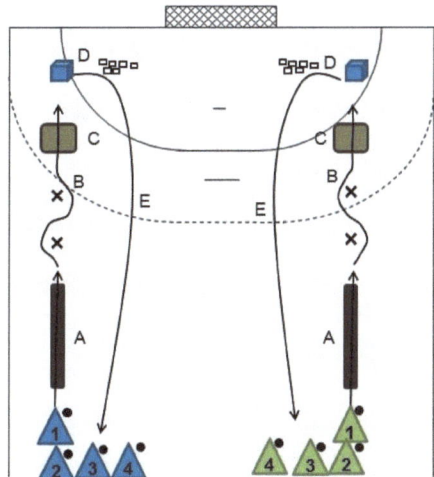

- 🔺 und 🔺 starten auf Signal gleichzeitig.
- Sie prellen über die Bank (auf der Bank laufen und auf der Bank prellen) (A), umprellen dann die Hütchen im Slalom, (B) und übersteigen prellend die kleine Turnkiste (C).
- Dann würfeln sie einmal und nehmen die Karte mit der gewürfelten Zahl mit zur eigenen Gruppe (ist die Karte schon weg, läuft der Spieler ohne Karte zurück).
- Danach schlagen 🔺 bzw. 🔺 den nächsten Spieler ab (E).
- Welche Mannschaft hat zuerst alle Karten geholt?

Variationen:

- Auf der Bank laufen und neben der Bank prellen.
- Neben der Bank laufen und auf der Bank prellen.

⚠️ Geht der Ball beim Prellen (z.B. auf der Bank) verloren, muss an der gleichen Stelle wieder mit dem Prellen eingestiegen werden.

Nr.: 202-3	Angriff / individuell	10	30

Aufbau:

- Zwei Mannschaften bilden.
- Pro Mannschaft eine Bank, zwei kleine Turnkisten und eine Ballkiste aufstellen.
- Einen Schaustoffwürfel auf die hintere Turnkiste legen und Karten mit den Zahlen 1-6 auslegen.

Ablauf:

- 1 und 1 starten gleichzeitig mit Ball, steigen auf die Bank und balancieren über die Bank, steigen dabei über die darauf stehenden Hütchen und lassen den Ball um den Körper kreisen (A).
- Anschließend setzen sich die Spieler auf die kleine Turnkiste (B)
  und versuchen, den Würfel abzuwerfen (C). Sie haben dabei drei Versuche, weitere Bälle können aus der Ballkiste genommen werden.
- Wird der Würfel getroffen, nehmen die Spieler die Karte mit der gewürfelten Zahl mit zur Mannschaft und schlagen den nächsten Spieler ab (D).
- Treffen die Spieler dreimal nicht oder ist die Karte schon weg, laufen sie ohne Karte zurück zur Mannschaft (D).
- Welche Mannschaft holt zuerst alle Karten.

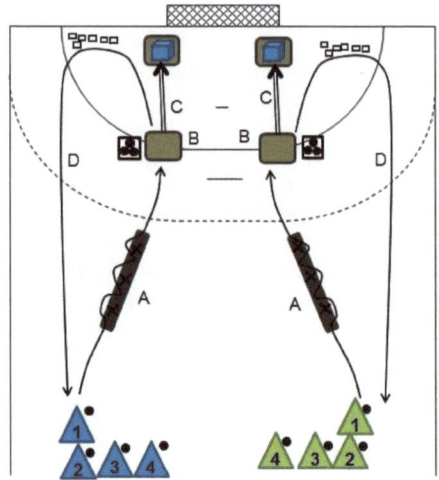

Variationen für weitere Durchgänge:

- Die Spieler überlaufen die Hütchen auf der Bank und prellen dabei neben der Bank.
- Die Spieler werfen im Stehen (sie stehen entweder auf oder hinter der kleinen Turnkiste).

⚠ Beim Wurf geht es nicht um Zeit, sondern um die korrekte Ausführung. Die Armhaltung in der Ausholbewegung entsprechend korrigieren.

⚠ Steht kein großer Schaumstoffwürfel zur Verfügung, kann auch ein Medizinball als Ziel verwendet werden und ein kleiner Würfel zum auswürfeln der mitzunehmenden Karte im Falle eines Treffers.

Nr.: 202-4	Angriff / individuell	10	40

Aufbau:
- Kleine Turnkisten mit Medizinbällen darauf als Ziele aufstellen.
- Einen bzw. zwei Reifen auf den beiden Halbposition auslegen.

Ablauf:
- Die Spieler teilen sich in zwei Reihen auf RR links und RR rechts auf.

- **1** startet mit Ball vor dem Reifen, tritt mit rechts in den Reifen und mit links wieder heraus (A), springt dann auf dem linken Fuß und wirft im Sprungwurf auf die Medizinbälle (B) und versucht, einen davon zu treffen (Rechtshänder).
- Getroffene Medizinbälle werden wieder aufgesetzt.

- **1** stellt sich auf der anderen Rückraumseite mit Ball wieder an (C).

- Parallel zu **1**, startet **2**, tritt mit links in den ersten Reifen, mit rechts in den zweiten und springt auf dem dritten Schritt mit links (hinter dem Reifen) (D) und wirft aus dem Sprungwurf (E).

- **2** stellt sich auf der anderen Rückraumseite wieder an (F).
- Linkshänder absolvieren beide Abläufe mit der entgegengesetzten Schrittfolge, werfen also auf dem rechten Fuß.

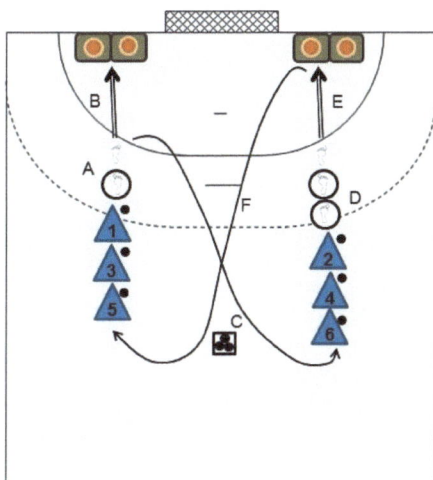

⚠ Den Sprungwurf und den Anlauf immer wieder korrigieren, auf aktives Fußgelenk (mit der Ferse auftreten, über den Ballen abrollen und mit Hilfe der Zehen abspringen), langen letzten Schritt (aus dem Reifen heraus) und korrekte Ausholbewegung achten.

⚠ Die Spieler sollen den Anlauf zunächst in langsamem Tempo üben und erst nach und nach das Tempo steigern.

Nr.: 202-5	Torhüter einwerfen	10	50

Aufbau:
- Zwei Reifen auf jeder Wurfposition wie im Bild auslegen.

Ablauf:

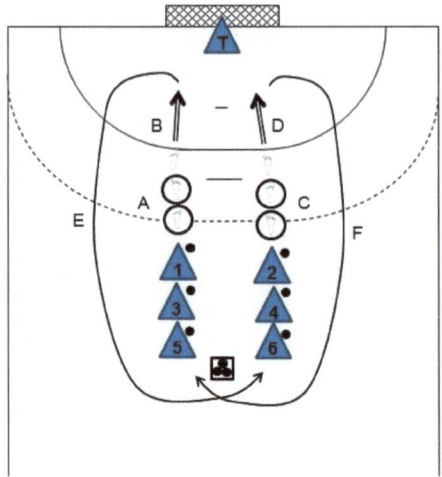

- **1** startet mit Ball vor dem Reifen, tritt mit dem ersten Schritt mit links in den ersten Reifen, mit dem zweiten Schritt mit rechts in den zweiten Reifen (A), mit dem dritten Schritt vor die beiden Reifen, springt in den Sprungwurf und wirft nach Vorgabe (Hände, halbhoch, hoch, tief) nach links (B).

- Etwas zeitversetzt startet **2** mit dem gleichen Ablauf und dem Wurf nach rechts (C und D).

- Linkshänder führen die Schrittfolge entgegengesetzt aus und werfen über den rechten Fuß.

- Die Spieler stellen sich nach dem Wurf auf der anderen Seite wieder an und holen sich einen neuen Ball (E).

⚠ Den Ablauf so timen, dass für den Torhüter ein Rhythmus entsteht.

Nr.: 202-6	Angriff / individuell	15	65

Aufbau:

- Mannschaft 1: Eine Ballkiste auf die Torauslinie stellen, ein Hütchen mit etwas Abstand zur 9-Meter Linie aufstellen
- Mannschaft 2: Drei kleine Turnkisten mit Medizinbällen darauf als Ziel aufstellen, mit Hütchen oder einer vorhandenen Linie die Wurflinie definieren, ein Hütchen mit etwas Abstand aufstellen

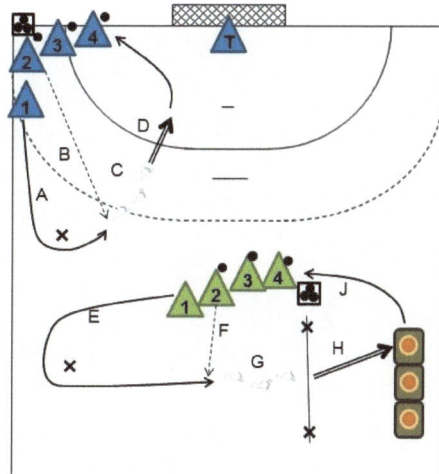

Ablauf Mannschaft 1:

- 🔺1 startet ohne Ball, umläuft das Hütchen (A), bekommt von 🔺2 den Ball in den Lauf gespielt (B),

  und wirft nach drei Schritten Anlauf ohne dabei zu prellen (C) im Sprungwurf auf das Tor (D)
- Ein Treffer gibt einen Punkt
- Nach dem Wurf, startet 🔺2 ohne Ball um das Hütchen und bekommt von 🔺3 den Ball usw.

Ablauf Mannschaft 2:

- 🔺1 startet ohne Ball um das Hütchen (E) und bekommt von 🔺2 den Ball gepasst (F)
- Danach macht 🔺1 drei Schritte ohne dabei zu prellen (G) und wirft aus dem Sprungwurf (H) auf die Medizinbälle.
- Ein herunter geworfener Medizinball wird nicht wieder aufgelegt.
- Dann startet 🔺2 mit dem gleichen Ablauf, 🔺1 stellt sich mit Ball wieder an (J)

Gesamtablauf:

- Die beiden Mannschaften starten gleichzeitig mit ihren Aufgaben
- Mannschaft 1 darf so lange werfen, wie Mannschaft 2 braucht, um alle Medizinbälle von den Kisten zu werfen
- Danach werden die Aufgaben getauscht.
- Welche Mannschaft wirft mehr Tore?

⚠ Auf korrekten Anlauf und korrekte Ausführung des Sprungwurfs achten

Nr.: 202-7	Angriff / individuell	15	80

Aufbau:
- Hütchen wie im Bild aufstellen.

Ablauf:
- ▲ bringt den Ball ins Spiel und passt (A) einem der beiden Rückraumspieler (hier ▲) in den Lauf (B).
- Steht ● vor ▲, passt ▲ zurück zu ▲ (C) und ▲ passt (D) zum anderen Rückraumspieler (▲).
- ● umläuft das Hütchen in der Mitte einmal komplett (E) und versucht dann, sich vor ▲ zu positionieren (E).
- Steht ● noch nicht richtig, wirft ▲ aus dem Sprungwurf (F).
- Steht ● bereits in Position, passt ▲ wieder zurück zu ▲ (G) und der Ablauf wiederholt sich auf die andere Seite.
- Hat ein Spieler geworfen, stellt er sich wieder an, ▲ bringt sofort einen neuen Ball ins Spiel.

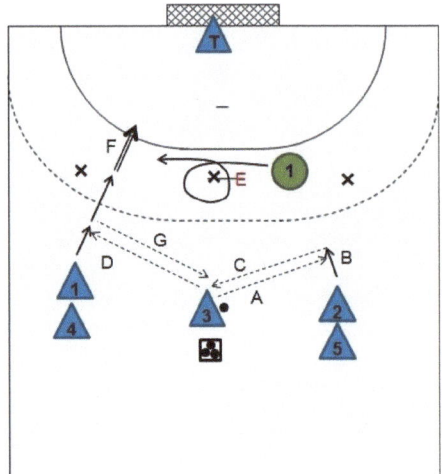

⚠ Die Spieler sollen ● beobachten und bei Erhalt des Balles entscheiden, ob sie werfen können oder noch einmal zurück passen.

Nr.: 202-8	Abschlussspiel	10	90

Aufbau:
- Hütchen und Ballkisten wie im Bild aufstellen.
- Beide Ballkisten enthalten zu Beginn gleich viele Bälle.

Ablauf:
- 1 startet ohne Ball, umläuft das Hütchen (A), bekommt von 2 den Ball in den Lauf gespielt (B), und wirft nach drei Schritten Anlauf, ohne dabei zu prellen (C), im Sprungwurf auf das Tor (D).
- Trifft 1 (wie im Bild), legt der Torhüter den Ball in die Ballkiste der anderen Mannschaft (E) und 1 holt einen Ball aus der eigenen Ballkiste (F) und stellt sich wieder an.
- Dann startet 1 mit dem gleichen Ablauf (G und H).
- Trifft ein Spieler nicht, nimmt der den eigenen Ball wieder auf und stellt sich mit diesem Ball wieder an.
- Welche Mannschaft hat nach einer vorgegebenen Zeit weniger Bälle in der eigenen Ballkiste?

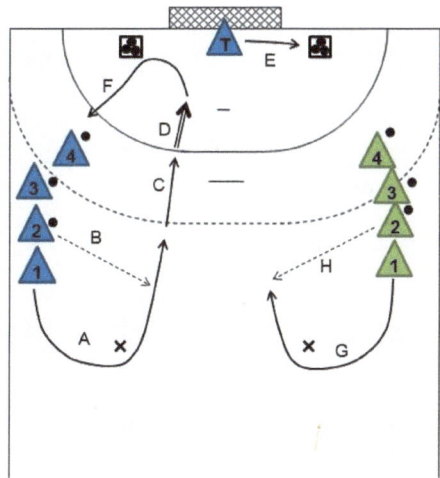

5. Gutschein

Mit diesem Gutscheincode erhalten Sie auf www.handball-uebungen.de die Trainingseinheit "**082 – Schwerpunkt Angriff – Freilaufen mit Ball**" kostenlos im Downloadbereich freigeschaltet. Geben Sie bitte bei der Registrierung den folgenden Code im Feld Gutscheincode ein:

Gutscheincode: HPSED1

6. Über den Autor

JÖRG MADINGER, geboren 1970 in Heidelberg

Juli 2014 (Weiterbildung): 3-tägiger DHB Trainerworkshop "Grundbausteine Torwartschule"
Referenden: Michael Neuhaus, Renate Schubert, Marco Stange, Norbert Potthoff, Olaf Gritz, Andreas Thiel, Henning Fritz

Mai 2014 (Weiterbildung): 3-tägige DHTV/DHB Trainerfortbildung im Rahmen des VELUX EHF FinalFour
Referenden: Jochen Beppler (DHB Trainer), Christian vom Dorff (DHB Schiri), Mark Dragunski (Trainer TuSeM Essen), Klaus-Dieter Petersen (DHB Trainer), Manolo Cadenas (Nationaltrainer Spanien)

Mai 2013 (Weiterbildung): 3-tägige DHTV/DHB Trainerfortbildung im Rahmen des VELUX EHF FinalFour
Referenden: Prof. Dr. Carmen Borggrefe (Uni Stuttgart), Klaus-Dieter Petersen (DHB Trainer), Dr. Georg Froese (Sportpsychologe), Jochen Beppler (DHB Stützpunkttrainer), Carsten Alisch (Nachwuchstrainer Hockey)

seit Juli 2012: Inhaber der DHB A-Lizenz

seit Februar 2011: Vereinsschulungen, Coaching im Trainings- und Wettkampfbetrieb

November 2011: Gründung Handball Fachverlag (handall-uebungen.de, Handball Praxis und Handball Praxis Spezial)

Mai 2009: Gründung der Handball-Plattform handball-uebungen.de

2008-2010: Jugendkoordinator und Jugendtrainer bei der SG Leutershausen

seit 2006: B-Lizenz Trainer

Anmerkung des Autors
1995 überredete mich ein Freund, mit ihm zusammen das Handballtraining einer männlichen D-Jugend zu übernehmen.

Dies war der Beginn meiner Trainertätigkeit. Daraufhin fand ich Gefallen an den Aufgaben eines Trainers und stellte stets hohe Anforderungen an die Art meiner Übungen. Bald reichte mir das Standardrepertoire nicht mehr aus und ich begann, Übungen zu modifizieren und mir eigene Übungen zu überlegen.

Heute trainiere ich mehrere Jugend- und Aktivmannschaften in einem breit gefächerten Leistungsspektrum und richte meine Trainingseinheiten gezielt auf die jeweilige Mannschaft aus.

Seit einigen Jahren vertreibe ich die Übungen über meinen Onlineshop handball-uebungen.de. Da die Tendenz im Handballtraining, vor allem im Jugendbereich, immer mehr in Richtung einer allgemeinen sportlichen Ausbildung mit koordinativen Schwerpunkten geht, eignen sich viele Spiele und Spielformen auch für andere Sportarten.

Lassen Sie sich inspirieren von den verschiedenen Spielideen und bringen Sie auch Ihre eigene Kreativität und Erfahrung ein!

Ihr

Jörg Madinger

7. Weitere Fachbücher des Verlags DV Concept

Von A wie Aufwärmen bis Z wie Zielspiel – 75 Übungsformen für jedes Handballtraining
Ein abwechslungsreiches Training erhöht die Motivation und bietet immer wieder neue Anreize, bekannte Bewegungsabläufe zu verbessern und zu präzisieren. In diesem Buch finden Sie Übungen zu allen Bereichen des Handballtrainings vom Aufwärmen über Torhüter einwerfen bis hin zu gängigen Inhalten des Hauptteils und Spielen zum Abschluss, die Sie in ihrem täglichen Training mit Ihrer Handballmannschaft inspirieren sollen. Alle Übungen sind bebildert und in der Ausführung leicht verständlich beschrieben. Spezielle Hinweise erläutern, worauf Sie achten müssen.

Mini- und Kinderhandball (5 Trainingseinheiten)
Mini- bzw. Kinderhandball unterscheidet sich grundlegend vom Training höherer Altersklassen und erst recht vom Handball in Leistungsbereichen. Bei diesem ersten Kontakt mit der Sportart „Handball" sollen die Kinder an den Umgang mit dem Ball herangeführt werden. Es soll der Spaß an der Bewegung, am Sport treiben, am Spiel miteinander und auch am Wettkampf gegeneinander vermittelt werden.

Das vorliegende Buch führt zunächst kurz in das Thema und die Besonderheiten des Mini- und Kinderhandballs ein und zeigt dabei an einigen Beispielübungen Möglichkeiten auf, das Training interessant und abwechslungsreich zu gestalten.

Passen und Fangen in der Bewegung - 60 Übungsformen für jedes Handballtraining
Passen und Fangen sind zwei Grundtechniken im Handball, die im Training permanent trainiert und verbessert werden müssen. Die vorliegenden 60 praktischen Übungen bieten viele Varianten, um das Passen und Fangen anspruchsvoll und abwechslungsreich zu trainieren. Ein besonderer Fokus liegt dabei darauf, die Sicherheit beim Passen und Fangen auch in der Bewegung mit hoher Dynamik zu verbessern. Deshalb werden die Übungen mit immer neuen Laufwegen und spielnahen Bewegungen gekoppelt.

Effektives Einwerfen der Torhüter - 60 Übungsformen für jedes Handballtraining
Das Einwerfen der Torhüter ist in nahezu jedem Training notwendiger Bestandteil. Die vorliegenden 60 Übungen zum Einwerfen bieten hier verschiedene Ideen, um das Einwerfen sowohl für Torhüter als auch für die Feldspieler anspruchsvoll und abwechslungsreich zu gestalten. Ein besonderer Fokus liegt dabei darauf, schon beim Einwerfen die Dynamik der Spieler zu verbessern.

Wettkampfspiele für das tägliche Handballtraining - 60 Übungsformen für jede Altersstufe

Handball lebt von schnellen und richtig getroffenen Entscheidungen in jeder Spielsituation. Dies kann im Training spielerisch und abwechslungsreich durch handballnahe Spiele trainiert werden. Die vorliegenden 60 Übungsformen sind in sieben Kategorien unterteilt und schulen die Spielfähigkeit.

Folgende Kategorie beinhaltet das Buch: Parteiball-Varianten, Mannschaftsspiele auf verschiedene Ziele, Fangspiele, Sprint- und Staffelspiele, Wurf- und Balltransportspiele, Sportartübergreifende Spiele, Komplexe Spielformen für das Abschlussspiel.

Abwechslungsreiches Wurftraining im Handball - 60 Übungsformen für jede Altersstufe

Der Wurf ist ein zentraler Baustein des Handballspiels, der durch regelmäßiges Training immer wieder erprobt und verbessert werden muss. Deshalb ist es immer wieder sinnvoll, Wurfserien im Training durchzuführen. Die vorliegende Übungssammlung bietet 60 verständliche, leicht nachzuvollziehende praktische Übungen zu diesem Thema, die in jedes Training integriert werden können.

Die Übungen sind in sechs Kategorien und drei Schwierigkeitsstufen unterteilt: Technik, Wurfübungen auf feste Ziele, Wurfserien mit Torwurf, Positionsspezifisches Wurftraining, Komplexe Wurfserien, Wurfwettkämpfe.

Taschenbücher aus der Reihe Handball Praxis

Handball Praxis 1 – Handballspezifische Ausdauer

Handball Praxis 2 – Grundbewegungen in der Abwehr

Handball Praxis 3 – Erarbeiten von Auslösehandlungen und Weiterspielmöglichkeiten

Handball Praxis 4 – Intensives Abwehrtraining im Handball

Handball Praxis 5 – Abwehrsysteme erfolgreich überwinden

Handball Praxis 6 – Grundlagentraining für E- und D- Jugendliche

Handball Praxis 7 – Handballspezifisches Ausdauertraining im Stadion und in der Halle

Handball Praxis 8 – Spielfähigkeit durch Training der Handlungsschnelligkeit

Handball Praxis 9 – Grundlagentraining im Angriff für die Altersstufe 9-12 Jahre

Handball Praxis Spezial 1 – Schritt für Schritt zur 3-2-1 Abwehr

Handball Praxis Spezial 2 – Schritt für Schritt zum erfolgreichen Angriffskonzept gegen eine 6-0 Abwehr

Weitere Handball Fachbücher und eBooks unter: www.handball-uebungen.de

www.ingramcontent.com/pod-product-compliance
Lightning Source LLC
Chambersburg PA
CBHW042130080426
42735CB00001B/36